Berufssprache für Ärzte und Pflegekräfte

Deutsch im Krankenhaus

Neu

Lehr- und Arbeitsbuch

Ulrike Firnhaber-Sensen • Margarete Rodi

Langenscheidt

Berlin · München · Wien · Zürich
London · Madrid · New York · Warschau

Visuelles Konzept, Layout und Umschlaggestaltung: Kommunikation + Design Andrea Pfeifer
Umschlagfotos und Fotografie: Dr. med. Frank Sensen
Zeichnungen: Jürgen Bartz
Redaktion: Sabine Wenkums

Verlag und Autorinnen danken Dr. med. Frank Sensen, Beate Welsch, Pflegedienstleitung der Sana-Kliniken Düsseldorf, Sana Krankenhaus Gerresheim, und Thomas Mischkowitz, Leiter der Krankenpflegeschule des EVK Mettmann, für die kritische Überprüfung der fachlichen Inhalte und die konstruktiven Anregungen, mit denen sie zur Entwicklung von **Deutsch im Krankenhaus *Neu*** beigetragen haben, sowie dem Sana Krankenhaus Gerresheim (Sana Kliniken Düsseldorf) und den engagierten Darstellern für die vielfältige Unterstützung bei den Fotoaufnahmen.

Deutsch im Krankenhaus *Neu* – Materialien

Lehr- und Arbeitsbuch	49527
Lehrerhandreichungen	49528
Audio-CDs	49529

Transkripte der Hörtexte im Internet

Symbole in *Deutsch im Krankenhaus Neu*

1.2	Hören Sie auf der CD 1 den Track 2.
	Tragen Sie in Ihr Vokabelheft ein.
	Hier finden Sie landeskundliche und für den Berufsalltag wichtige Hinweise.
TIPP	Hier finden Sie sprachliche Tipps.

Internetadresse:
www.langenscheidt.de/deutsch-im-krankenhaus

Umweltinweis: gedruckt auf chlorfrei gebleichtem Papier

Druck: CS-Druck CornelsenStürtz, Berlin
Bindung: Stein + Lehmann, Berlin
Printed in Germany
ISBN 978-3-468-49527-4

1 Der erste Arbeitstag 6

Erwartungen und Wünsche 6
Erwartungen an den Arbeitsplatz formulieren

Die Hierarchie im Krankenhaus 7
Hierarchie und Berufsbezeichnungen kennenlernen

Vorstellung bei den Kollegen 7
Sich mit den Kollegen bekannt machen – Begrüßen und Verabschieden

Das Patientenzimmer 10
Sich im Patientenzimmer verständigen

Belegungspläne und Dienstpläne 11
Zahlen 0–24 – Belegungs- und Dienstpläne lesen, Auskunft geben und nachfragen

Grammatik 14
Verben mit Ergänzungen – Personalpronomen im Nominativ, Akkusativ und Dativ

2 Das Krankenhaus 16

Die Tal-Klinik 16
Ordnungszahlen – Stationen und Abteilungen in der Klinik benennen – Den Weg in der Klinik weisen

Aufträge 19
Aufträge ausführen, erteilen und nachfragen – Mit anderen Abteilungen telefonieren

Die Station 22
Eine Station kennenlernen

Aussprache 23
Zahlen – Berufe – Schwierige Wörter aussprechen: Abteilungen und Untersuchungen

Grammatik 24
Aufforderungen und Bitten (Imperativ) – Wechselpräpositionen: Ortsangaben

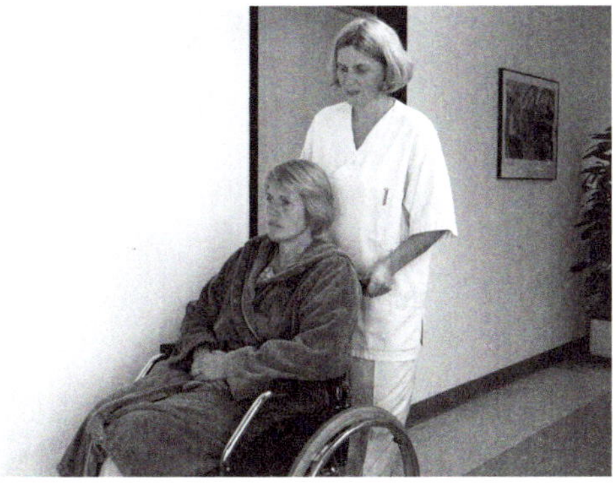

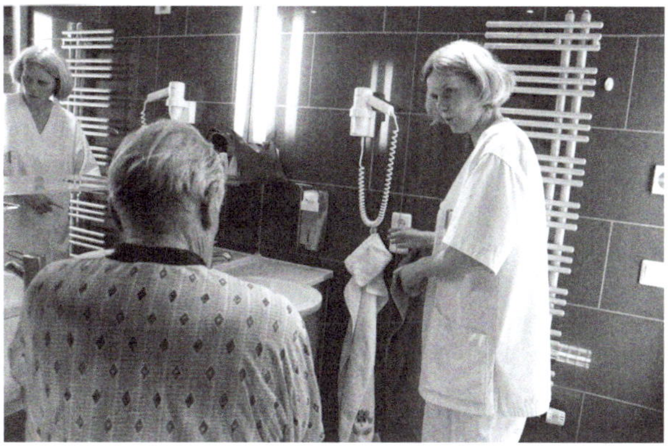

3 Betten, Waschen und Prophylaxen 26

Betten 26
Mit den Patienten sprechen

Waschen und Prophylaxen 29
Patienten beim Waschen anleiten – Prophylaxen und Maßnahmen anordnen und begründen

Wiederholungsspiel 33
Rückschau zu Kapitel 1–3

Grammatik 34
Trennbare Verben und Satzklammer – Reflexivpronomen – Verben mit Akkusativ und Dativ und reflexive Verben mit Akkusativ und Dativ

4 Körper und Beschwerden 36

Der Körper 36
Körperteile benennen

Das Untersuchungsgespräch 37
Beschwerden erfragen – Zu Bewegungen auffordern

Beschwerden 39
Schmerzen erfragen und beschreiben – Maßnahmen erklären

Aussprache 43
Körperteile – Schwierige Wörter aussprechen: Beschwerden

Grammatik 44
Possessivartikel – Verben mit Dativ und Akkusativ – Nebensatz mit „damit"

Inhaltsverzeichnis

5 Essen 46

Das Frühstück 46
Lebensmittel, Geschirr und Besteck benennen

Essen reichen 47
Essenswünsche erfragen – Informationen weitergeben – Hilfestellung anbieten

Das Arztgespräch 48
Patienten und Angehörige informieren

Kostformen und Diäten 50
Kostformen benennen und begründen

Terminvereinbarung 51
Termine für Patienten aushandeln

Essensbestellung am Computer 52
Essensbestellung am Computer erklären und durchführen – Grundbegriffe am Computer

Wiederholungsspiel 53
Rückschau zu Kapitel 4–5

Grammatik 54
Modalverben und Satzklammer: Bedeutung und Formen – Negation mit „nicht" oder „kein"

6 Messen und Dokumentieren 56

Messen 56
Zahlen 1–1000 – Messgeräte benennen – Puls, Temperatur und Blutdruckwerte benennen

Kurvendokumentation 59
Kurven lesen und schreiben – Sich über Werte verständigen

Die Bauchorgane 62
Fachwortschatz deutsch benennen

Aussprache 63
Werte – Bauchorgane – Schwierige Wörter aussprechen: Essen und Messen

Grammatik 64
Positionen im Satz: Zeitangaben und Ortsangaben – Dativ- und Akkusativergänzungen

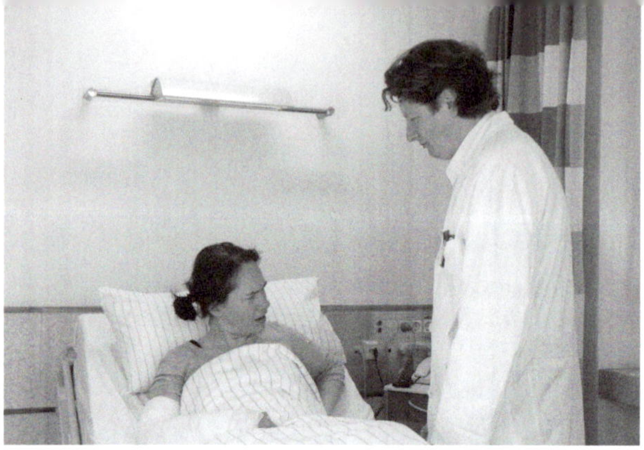

7 Aufnahme-und Anamnesegespräch 66

Das Aufnahmegespräch 66
Aufnahmegespräche führen – Aufnahmeformulare ausfüllen

Die Pflegeanamnese 68
Hilfsmittel benennen – Pflegeanamnese erheben

Das Anamnesegespräch 70
Krankengeschichte erfragen – Über aufgenommene Patienten berichten

Erkrankungen 72
Fachwortschatz deutsch benennen

Grammatik 74
Perfekt und Satzklammer: Formen und Funktion

8 Vor und nach der Operation 76

Die Atmungsorgane 76
Fachwortschatz deutsch benennen

Die Vorbereitung zur Operation 77
Narkoseprotokoll lesen – Patienten auf die Operation vorbereiten

Die Operation 79
Instrumente benennen – Über die Operation informieren

Die Übergabe aus dem OP (Operationssaal) .. 80
Übergabe verstehen und durchführen – Übergabeprotokoll führen und ausfüllen – Überwachungsbogen führen

Die erste postoperative Visite 82
Patientengespräche führen

Aussprache 83
Maße, Blutgruppen und Blutwerte – Untersuchungen und Hilfsmittel – Schwierige Wörter aussprechen: Krankheiten

Grammatik 84
Zeitangaben mit temporalen Präpositionen: Dativ und Genitiv – Temporale Verbindungsadverbien

9 Visite und Übergabe 86

Die Visite 86
Befinden erfragen – Maßnahmen anordnen und dokumentieren

Die Übergabe 90
Pflegeberichte verfassen und verstehen – Übergabe formulieren

Wiederholungsspiel 93
Rückschau zu Kapitel 6–9

Grammatik 94
Passiv und Satzklammer: Formen und Funktion – Passiv und handelnde Personen

10 Medikamente 96

Das Kreislaufsystem 96
Organe und Gefäße benennen

Der Beipackzettel 96
Beipackzettel und Rote Liste[R] lesen

Anordnung von Medikamenten 100
Anordnungen geben und verstehen – Anordnungen notieren

Darreichungsformen 101
Darreichungsformen verstehen – Medikamenteneinnahme erklären

Aussprache 103
Organe und Gefäße – Dosierung und Medikamentengabe – Schwierige Wörter aussprechen: Medikamente

Grammatik 104
Gründe angeben: Nebensätze mit „weil" – Bedingungen angeben: Nebensätze mit „wenn" – Nebensatz vor Hauptsatz: Verbposition

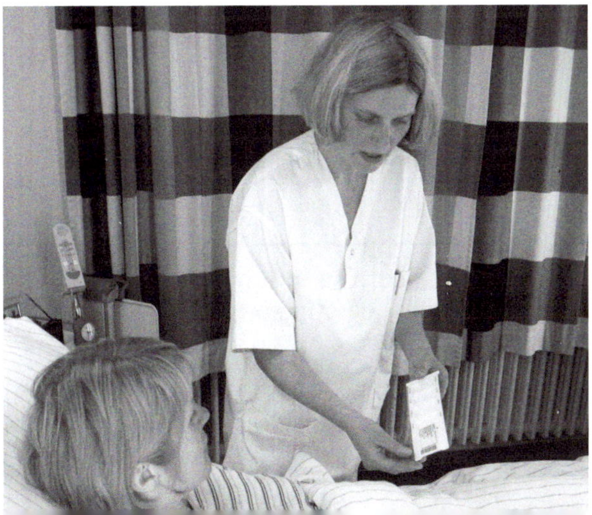

11 Telefonieren 106

Telefonate mit Angehörigen 106
Fragen beantworten – Nachfragen

Telefonate mit anderen Abteilungen 110
Abkürzungen für Blutwerte verwenden – Werte erfragen, notieren und durchgeben

Telefonate mit Mitarbeitern und Kollegen 112
Informationen erfragen und geben – Termine vereinbaren

Grammatik 114
Indirekte Fragesätze: W-Frage und Nebensatz mit Fragewort – Höflichkeit

12 Wunddokumentation am Computer 116

Die Wirbelsäule 116
Wortschatz erarbeiten

Verbandwechsel 116
Wunden beschreiben – Patienten informieren

Wunddokumentation 119
Wunddokumentationen verstehen

Aussprache 121
Die Wirbelsäule – Die Wunde – Blutwerte und Maße – Schwierige Wörter aussprechen: Wundversorgung und Telefonieren

Grammatik 122
Vergleiche: Adjektive im Komparativ, Formen und Funktion

Abschlusspiel: Station 13 123

Register 126

Quellen U3

Erwartungen und Wünsche

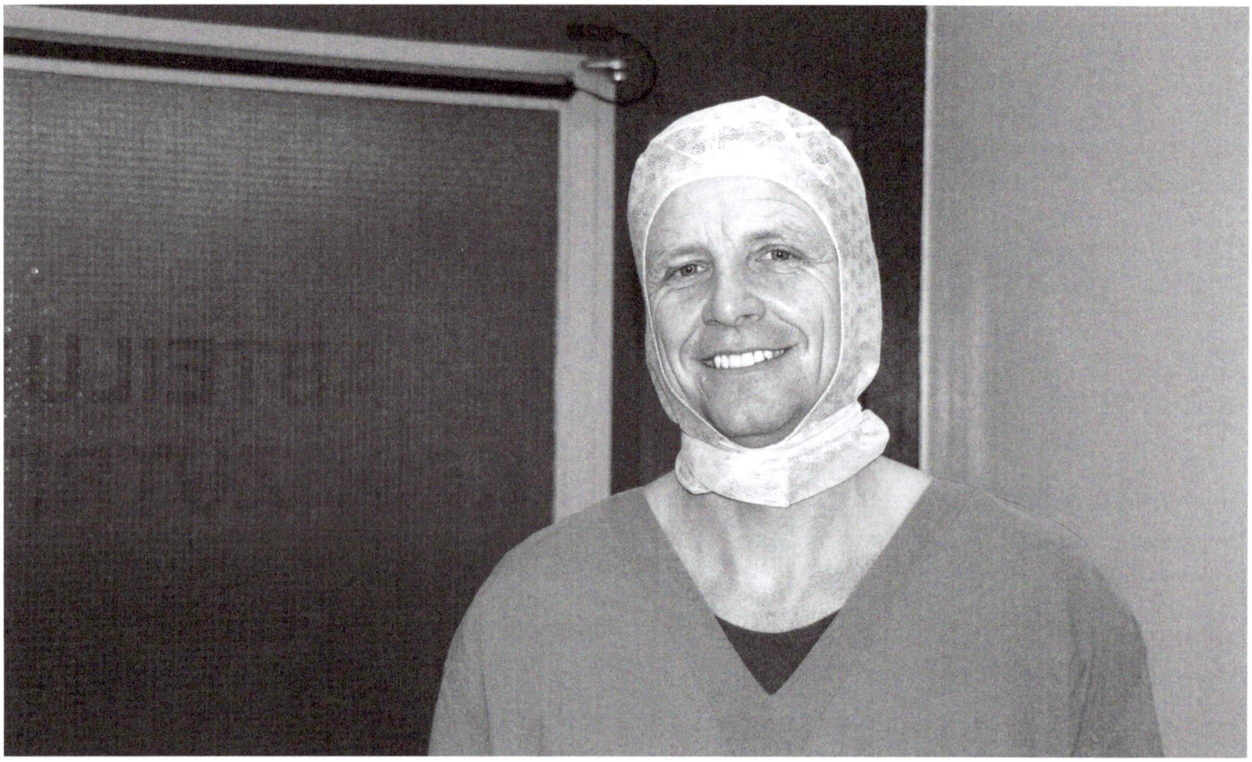

1 **Sie arbeiten bald als Arzt/Ärztin oder als Krankenschwester/Krankenpfleger in einem deutschen Krankenhaus. Welche Erwartungen und Wünsche haben Sie?**
Ergänzen Sie.

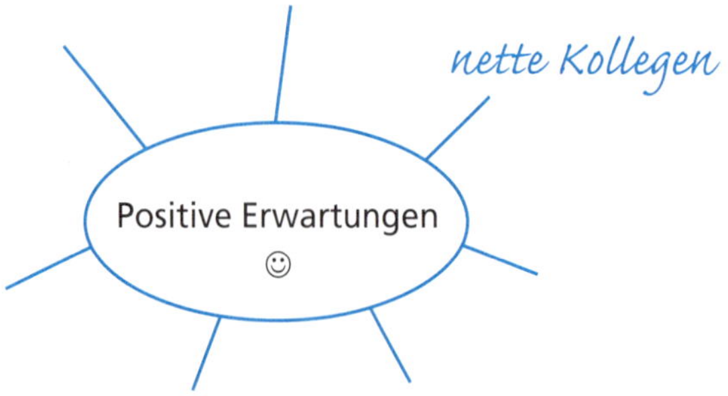

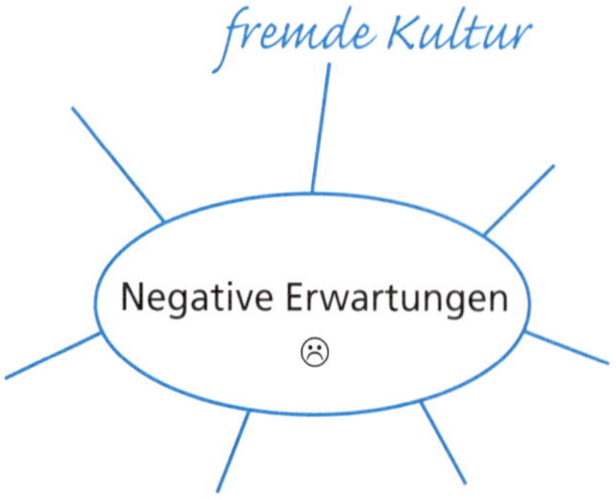

~~nette Kollegen~~ • Familientrennung • neue Arbeiten • Patienten • deutsche Sprache
Geld verdienen • unfreundliche Kollegen • moderne Technik • ~~fremde Kultur~~ • neue Kontakte
interessante Arbeit ...

Die Hierarchie im Krankenhaus in Deutschland

2a Ergänzen Sie.

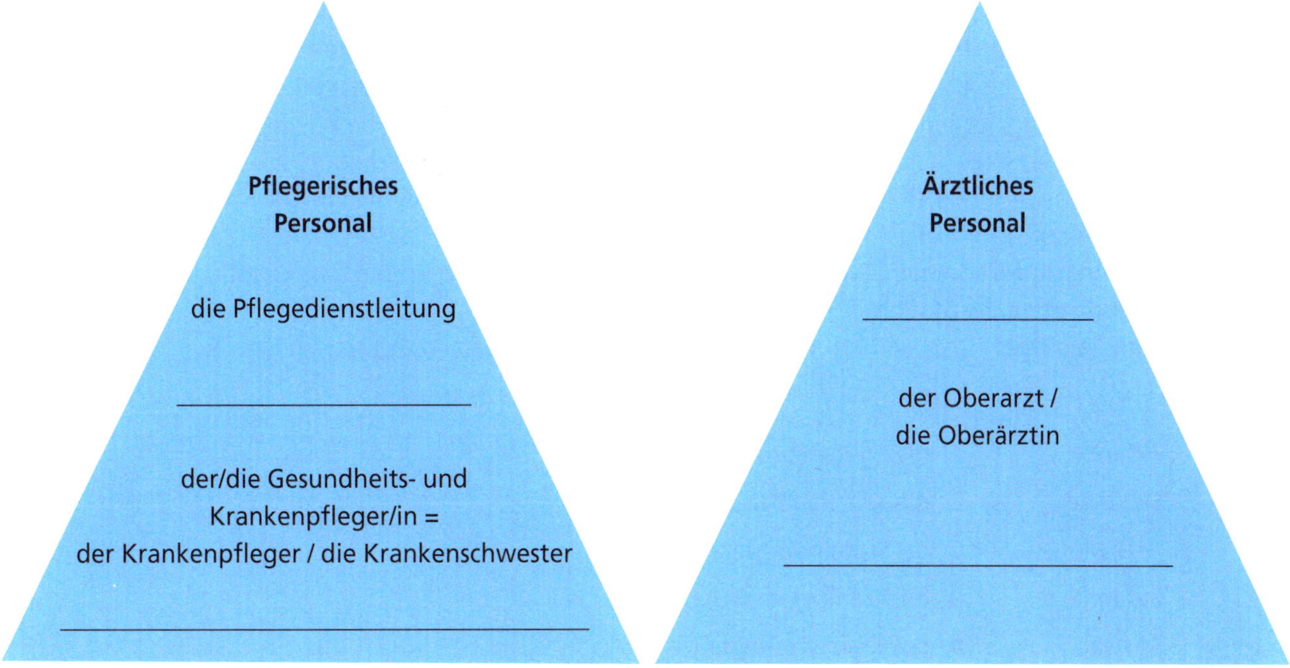

der Chefarzt / die Chefärztin • die Stationsleitung
der Krankenpflegeschüler / die Krankenpflegeschülerin • der Stationsarzt / die Stationsärztin

2b Welche Berufe gibt es auf Ihrer Station?

2c Legen Sie ein Vokabelheft an. Übertragen Sie die Pyramiden aus Aufgabe 2a in Ihr Vokabelheft.

Vorstellung bei den Kollegen

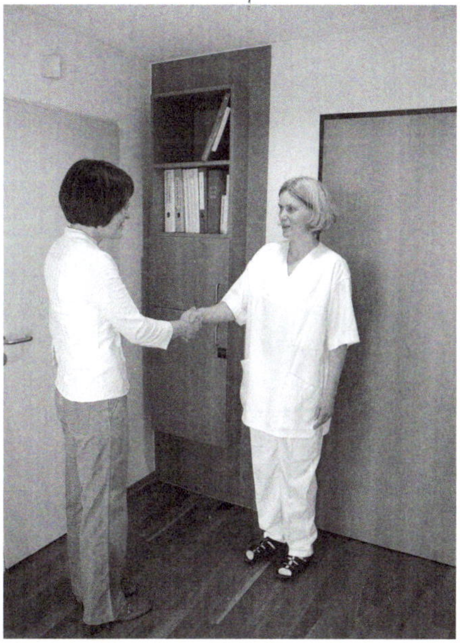

3a Hören Sie: Wohin geht Schwester Svetlana? 1.2

3b Lesen Sie.

Sr. Svetlana: Guten Morgen, ich bin Schwester Svetlana.
Fr. Müller: Guten Morgen, Schwester Svetlana!
Mein Name ist Müller, ich bin die Pflegedienstleitung.
Herzlich willkommen in unserer Klinik.
Sr. Svetlana: Guten Tag, Frau Müller.
Fr. Müller: Wir gehen zusammen auf die Station 13.
Das ist eine internistische Station.

4a Hören Sie weiter: Wen trifft Schwester Svetlana? 1.3

4b Lesen Sie. Wer ist wer?

Fr. Müller: Wir fahren jetzt in die fünfte Etage, auf die Station 13.
So, hier ist das Dienstzimmer.
Guten Tag! Ich bringe Ihnen Schwester Svetlana, Ihre neue Kollegin.
Sr. Susanne: Guten Tag, ich bin Schwester Susanne. Ich bin die Stationsleitung.
Fr. Müller: Ich wünsche Ihnen einen guten Start.
Sr. Svetlana: Danke.
Sr. Susanne: Herzlich willkommen, Svetlana. Wir duzen uns hier auf der Station.
Sr. Svetlana: Wie bitte?
Sr. Susanne: Wir duzen uns. Wir sagen „du" zu den Kollegen. Woher kommst du?
Sr. Svetlana: Ich komme aus Kasachstan.
Sr. Susanne: Komm, ich stelle dich den Kollegen vor: Hier ist unsere neue Kollegin. Sie heißt Svetlana.
Pfl. Achim: Hallo, ich bin Pfleger Achim.
Sr. Svetlana: Entschuldigung, wie ist dein Name?
Pfl. Achim: Ich heiße Achim. Das schreibt man A-c-h-i-m.
Sch. Jessica: Und ich bin Krankenpflegeschülerin Jessica.
Sr. Svetlana: Hallo, Jessica.

1. E Achim
2. __ Svetlana
3. __ Frau Müller
4. __ Susanne
5. __ Jessica

A die Pflegedienstleitung (-en)
B die Krankenpflegeschülerin (-nen)
C die Stationsleitung (-en)
D die Krankenschwester (-n)
E der Krankenpfleger (-)

Achim ist der Krankenpfleger.

5a Schreiben Sie passende Sätze in die Sprechblasen.

Begrüßung und Verabschiedung: In Deutschland gibt man sich beim Vorstellen und bei der offiziellen Begrüßung und Verabschiedung meist die Hand.

5b Wie ist das bei Ihnen?

6 „Du" oder „Sie"? Ordnen Sie.

das Kind (-er) • die Pflegedienstleitung (-en) • die unbekannte(n) Person (-en) • der Freund (-e) • die Familie (-n) • der Kollege (-n) • die Ärztin (-nen) • der Arzt (Ärzte) • der Patient (-en)

Sie	Du
die Ärztin (-nen)	die Freundin (-nen)

1.4

7a Hören Sie: Wer ist neu auf der Station?

7b Lesen Sie mit verteilten Rollen.

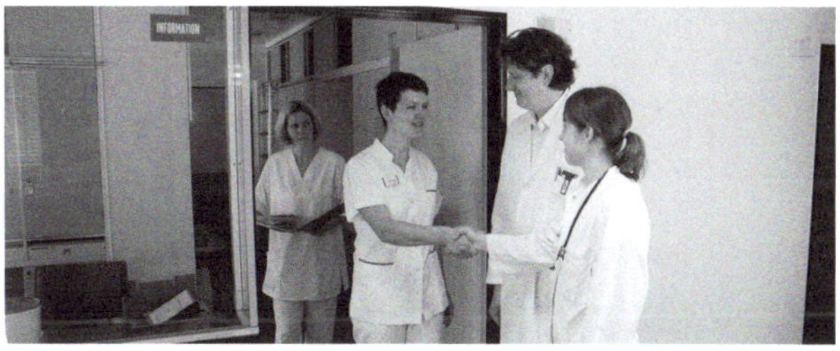

Dr. Stahl: Hallo, Schwester Susanne.
Guten Tag, Sie sind sicher Schwester Svetlana.
Ich bin Dr. Stahl, der Stationsarzt.
Sr. Svetlana: Guten Tag, Herr Dr. Stahl.
Dr. Stahl: Ich stelle Ihnen meine neue Kollegin vor.
Sie ist die neue Assistenzärztin auf unserer Station.
Dr. Kazanski: Hallo, ich bin Dr. Kazanski.
Sr. Susanne: Entschuldigung, wie heißen Sie?
Dr. Kazanski: Kazanski, K-A-Z-A-N-S-K-I.
Sr. Svetlana: Ich heiße Schwester Svetlana. Ich bin auch neu hier auf der Station.
Dr. Kazanski: Woher kommen Sie?
Sr. Svetlana: Ich komme aus Kasachstan.
Dr. Kazanski: Aha, und ich komme aus der Ukraine.
Dr. Stahl: So, wir müssen jetzt schnell in die Sonographie, bis später!
Dr. Kazanski: Tschüss!
Sr. Susanne: Bis später!

7c Sortieren Sie die Redemittel und ergänzen Sie weitere Beispiele aus dem Dialog.

Guten Morgen! • Auf Wiedersehen • Guten Abend • Wie bitte? • Grüß Gott! • ...

begrüßen	sich vorstellen	sich verabschieden	nachfragen

8 Spielen Sie. Die Tabelle in Übung 7 hilft Ihnen.

Arzt
Sie bringen Ihren neuen Kollegen auf die Station.

Neuer Arzt
Sie begrüßen die Stationsleitung und stellen sich vor.

Neue Stationsleitung
Sie begrüßen die Ärzte und stellen sich vor.

Stationsleitung
Sie begrüßen die neue Krankenschwester.

Neue Krankenschwester
Sie haben Ihren ersten Arbeitstag. Sie begrüßen die Stationsleitung und stellen sich vor.

Krankenpfleger
Sie stellen sich vor. Sie verstehen den Namen nicht.

Neue Kollegin
Sie stellen sich vor.

Das Patientenzimmer

1.5

9 Hören Sie: Was machen Pfleger Tobias und Schwester Svetlana?

10 Ordnen Sie zu.

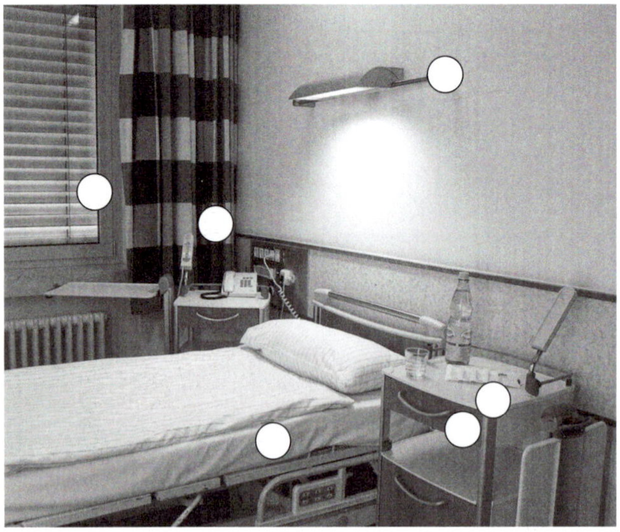

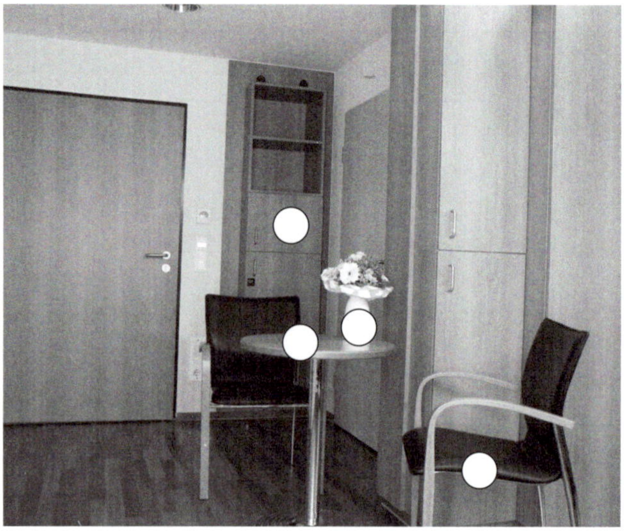

1 der Nachtschrank (″-e) • 2 die Klingel (-n) • 3 der Tisch (-e)
4 die Vase (-n) • 5 der Tablettendispenser • 6 das Bett (-en) • 7 der Stuhl (″-e) • 8 das Fenster (-)
9 die Lampe (-n) • 10 der Schrank (″-e)

11 Notieren Sie die Wörter aus Aufgabe 10 mit Artikel und Pluralendung. Ergänzen Sie Ihre Sprache.

das Patientenzimmer (-) =

12 Ergänzen Sie.

Sr. Svetlana: Guten Morgen. Ich bin Schwester Svetlana. Wie geht es Ihnen?
Fr. Krüger: Guten Tag, Schwester Svetlana. Es geht mir besser.
Pfl. Tobias: Frau Krüger, nehmen Sie bitte Ihre Tablette, sie ist hier im T__________________.
Sr. Svetlana: Wir möchten jetzt Ihr B_____ machen. Setzen Sie sich bitte auf den S_______. Brauchen Sie Hilfe?
Fr. Krüger: Nein, danke, das geht schon. Können Sie mir bitte meine Kulturtasche geben?
Sr. Svetlana: Wo ist die denn, bitte?
Fr. Krüger: Auf dem N________________.
Sr. Svetlana: Hier haben Sie Ihre Kulturtasche. Ich mache jetzt Ihr Bett.
Pfl. Tobias: Ich helfe dir, Svetlana.
Pfl. Tobias: So, dann können Sie auch wieder in Ihr Bett.
Fr. Krüger: Danke schön.
Pfl. Tobias: Messen Sie bitte Fieber. Wo ist Ihr Fieberthermometer?
Fr. Krüger: Es liegt auf dem T________.
Pfl. Tobias: Ich mache auch die L_______ an. Wenn Sie etwas brauchen, ist hier die K______________. Gleich kommen die Ärzte und untersuchen Sie.
Sr. Svetlana: Es ist sehr warm, soll ich das F____________ aufmachen?
Fr. Krüger: Ja gern, vielen Dank.

Belegungspläne und Dienstpläne

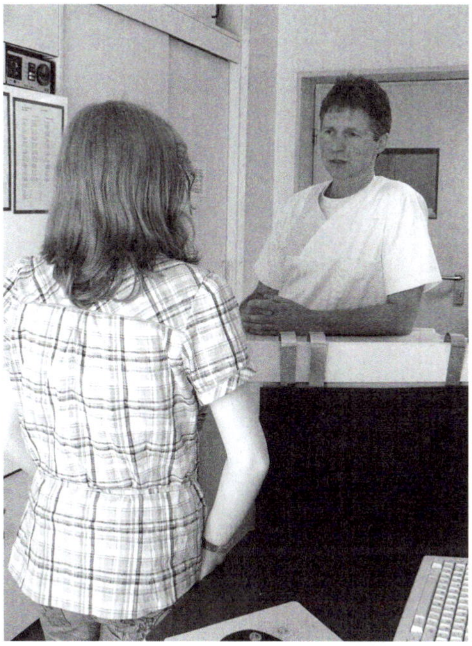

1.6

13 Belegungspläne: Was hören Sie? Kreuzen Sie an.

1a Guten Tag, ich bin Frau Puschmann. ☐
1b Guten Tag, ich bin Frau Esser. ☐
1c Guten Tag, Frau Esser. ☐

2a Wo liegt meine Tochter? ☐
2b Wo liegt mein Vater? ☐
2c Wo liegt meine Mutter? ☐

3a Ihre Mutter liegt in Zimmer 4. ☐
3b Ihre Mutter liegt in Zimmer 14. ☐
3c Ihre Mutter liegt in Zimmer 7. ☐

1	eins	9	neun	17	**sieb**zehn
2	zwei	10	zehn	18	achtzehn
3	drei	11	**elf**	19	neunzehn
4	vier	12	**zwölf**	20	zwanzig
5	fünf	13	dreizehn	21	einundzwanzig
6	sechs	14	vierzehn	22	zweiundzwanzig
7	sieben	15	fünfzehn	23	dreiundzwanzig
8	acht	16	**sech**zehn	24	vierundzwanzig

TIPP

Zehner-Zahlen sprechen: 2 3 → drei / und / zwanzig

1.7

14 Tag der offenen Tür in der Hubertus-Klinik. Hören und ergänzen Sie.

1. Die Klinik gibt es seit ____ Jahren.
2. Sie hat ____ Abteilungen.
3. Es gibt ____ Stationen.
4. In der Inneren Abteilung gibt es ____ Betten.
5. In der Inneren Abteilung arbeiten insgesamt ____ Ärztinnen und ____ Krankenschwestern und Krankenpfleger.
6. Die Augenheilkunde hat ____ Betten.
7. In der Augenheilkunde arbeiten ____ Arzt und ____ Krankenschwestern und Krankenpfleger.
8. In der Klinik macht man ungefähr ____ bis ____ Operationen am Tag.
9. Die Verweildauer in der Klinik beträgt im Durchschnitt ____ Tage.

1.8

15 Hören Sie und tragen Sie die Zimmernummern in den Belegungsplan ein.

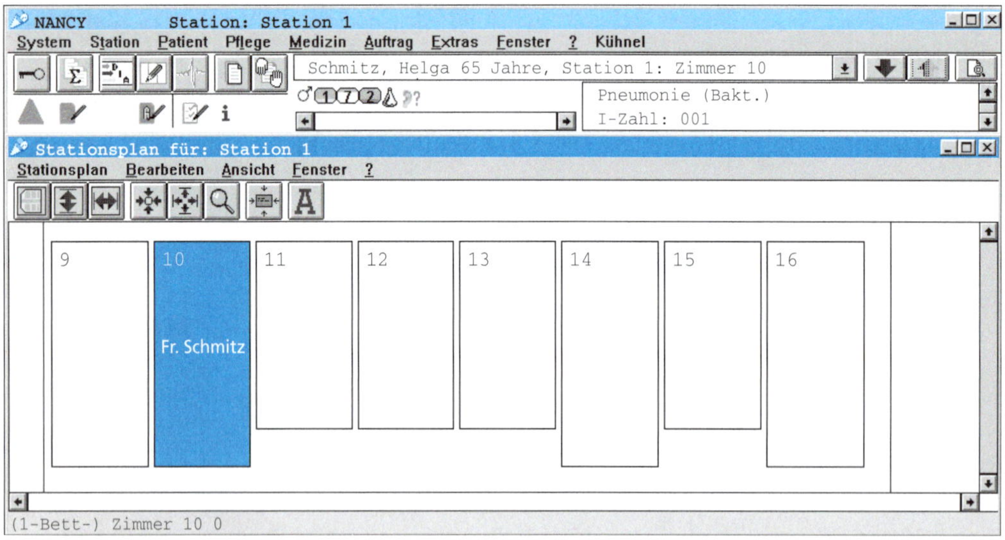

16 Spielen Sie im Kurs. Orientieren Sie sich an dem Belegungsplan in Aufgabe 15.

Angehörige/Kollegen	Personal
Wo liegt Frau ... / Herr ...? Wo finde ich Frau ... / Herrn ...?	Frau ... / Herr ... liegt in Zimmer 14.

1.13

17 Dienstpläne: Hören und lesen Sie.

6 Uhr	halb 3	Viertel vor 12	Viertel nach 8
6.00 Uhr	14.30 Uhr	11.45 Uhr	20.15 Uhr

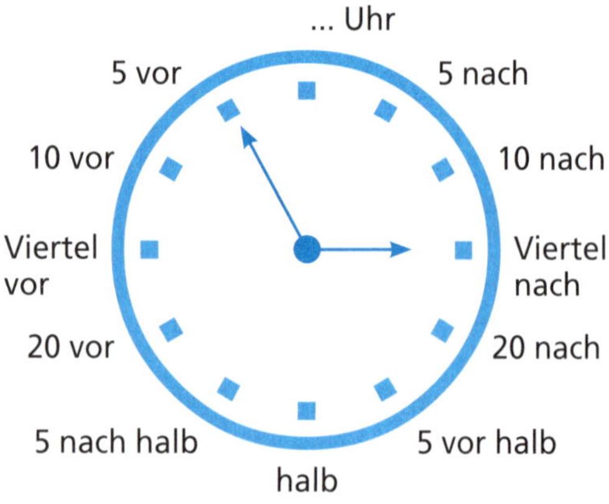

- Dein Dienst beginnt um 6 Uhr. Er endet um halb 3. Der Spätdienst beginnt um Viertel vor 12 und endet um Viertel nach 8.

1.14

18 Hören Sie: Welche Informationen gibt der Dienstplan?

Name	Mo	Di	Mi	Do	Fr	Sa	So
Sr. Simone Geißen	N	FR	FR	FR	S	F	F
	20.30	–	–	–	12.30	6.00	6.00
	6.15				20.45	14.15	14.15
Sr. Svetlana Petrova	F						
	6.00						
	14.15						

19a Hören Sie noch einmal: Wie sind die Dienstzeiten auf der Station? 1.15

Frühdienst: von __________ bis ___________

Spätdienst: von __________ bis ___________

Nachtdienst: von __________ bis __________

19b Tragen Sie die Zeiten in die Uhren ein.

Frühdienst (F)

Spätdienst (S)

Nachtdienst (N)

20 Hören Sie und tragen Sie die Dienste von Schwester Svetlana in den Dienstplan in Aufgabe 18 ein. 1.16

21 Antworten Sie.

- ● Um wie viel Uhr beginnt der Frühdienst von Dr. Stahl?
- ○ Er beginnt um …
- ● Wann endet der Frühdienst …
- ● Um wie viel Uhr beginnt der Spätdienst …
- ● Um wie viel Uhr endet der Spätdienst?
- ● Wann beginnt der Bereitschaftsdienst?
- ● Um wie viel Uhr endet der Bereitschaftsdienst?

Dienstplan

	Mo, 8.12.	Di, 9.12.	Mi, 10.12.
Dr. Stahl	Früh 8.00–16.30	Spät 11.00–20.00	Früh 8.00–16.30 Bereitschaft 16.30–8.00

22 Hören Sie. Notieren Sie die Dienstzeiten von Dr. Kazanski im Terminkalender. 1.17

Dienstplan

Mo.	Di.	Mi.	Do.	Fr.

23 Wie sind die Dienstzeiten bei Ihnen?

24 Spielen Sie.

Stationsleitung	**Krankenschwester/-pfleger**
Kannst du / Können Sie am Montag Frühdienst machen?	Nein, leider nicht. Montag habe ich einen Termin beim Einwohnermeldeamt.

Stationsleitung
Ein Kollege ist krank. Sie fragen die Krankenschwester, ob sie an den Tagen Früh-/Spätdienst machen kann.

Krankenschwester
Sie haben nächste Woche 4 Tage frei. An 2 Tagen können Sie arbeiten, an 2 Tagen nicht.

Grammatik

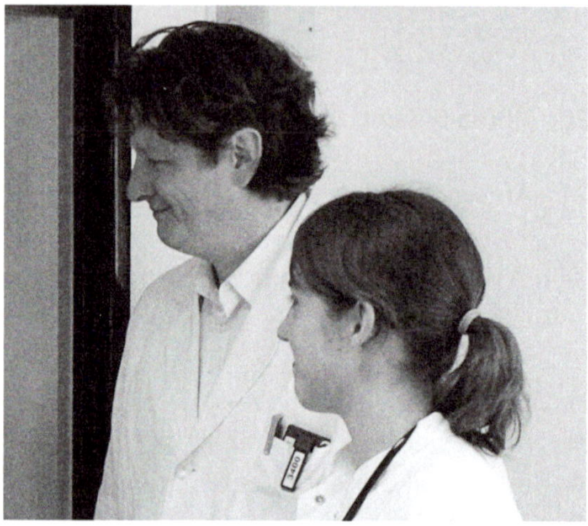

Verben mit Ergänzungen

Verben mit Nominativergänzung:
Frage: Wer? Was?

Ich	bin	Schwester Susanne.
Subjekt	Verb	Nominativergänzung

Verben mit Akkusativergänzung:
Frage: Wen? Was?

Dr. Stahl	untersucht	den Patienten.
Subjekt	Verb	Akkusativergänzung

Verben mit Dativergänzung
Frage: Wem?

Ich	helfe	dir.
Subjekt	Verb	Dativergänzung

TIPP
Lernen Sie Verben immer mit Ergänzungen!
Ich helfe dir. (helfen + Dativ)

25 Was passt zusammen? Überlegen Sie zuerst: Welche Ergänzungen brauchen die Verben?

Ich	ist	Ihr Bett.
Wir	heiße	dir.
Ich	ist	Svetlana.
Hier	helfe	Assistenzärztin.
Sie	machen	die neue Kollegin.

Ich heiße ...

26 Bauen Sie sechs Aussagesätze oder Fragen.

ich • gehen • Assistenzärztin • Ihre Tablette • aus Kasachstan • Sie • machen • in die Sonographie • du • können • möchten • jetzt • die neue Kollegin • nehmen • heute • Spätdienst • bin • Ihre Kulturtasche • auch neu hier • müssen • bitte • wir • hier • brauchen • komme • gehen • auf die Station 13 • ist • Ihr Bett • Hilfe • haben • kannst

Beispiel: Ich bin auch neu hier.

Personalpronomen im Nominativ, Akkusativ und Dativ

27 Setzen Sie das richtige Pronomen ein.

Dr. Stahl: Guten Morgen, Frau Meier. Wie geht es _______ (1 dich/Ihnen/Sie)?

Fr. Meier: Danke, es geht _________ (2 ich/mir/mich) wieder besser.

Dr. Stahl: Das ist schön. Ich stelle _________ (3 Ihnen/mir/dir) meine neue Kollegin, Dr. Kazanski, vor. _________ (4 Er/Sie/Ihr) hilft mir auf der Station.

Fr. Meier: Untersuchen Sie _________ (5 uns/euch/mich) jetzt?

Dr. Stahl: Ja, wir untersuchen _________ (6 Ihnen/Sie/dich).

Nominativ	Akkusativ	Dativ
ich	mich	mir
du	dich	dir
Sie	Sie	Ihnen
er	ihn	ihm
es	es	ihm
sie	sie	ihr
wir	uns	uns
ihr	euch	euch
Sie	Sie	Ihnen
sie	sie	ihnen

28 Schreiben Sie die passenden Pronomen in die Lücken.

~~ich~~ • wir • es • Sie • Ihnen • ich • ich • dir • Sie • wir • Sie

Sr. Svetlana: Ich brauche bitte Hilfe. _________ (1) möchte das Bett von Frau Krüger machen.

Pfl. Tobias: _________ (2) helfe _________ (3).

Sr. Svetlana: Frau Krüger, _________ (4) machen jetzt Ihr Bett. Setzen _________ (5) sich bitte auf den Stuhl. Sollen wir _________ (6) helfen?

Fr. Krüger: Nein, danke, das geht schon.

Sr. Svetlana: So, jetzt können _________ (7) wieder in Ihr Bett, Frau Krüger. Messen _________ (8) dann bitte Fieber. Wo ist denn das Thermometer?

Pfl. Tobias: _________ (9) liegt hier auf dem Nachttisch.

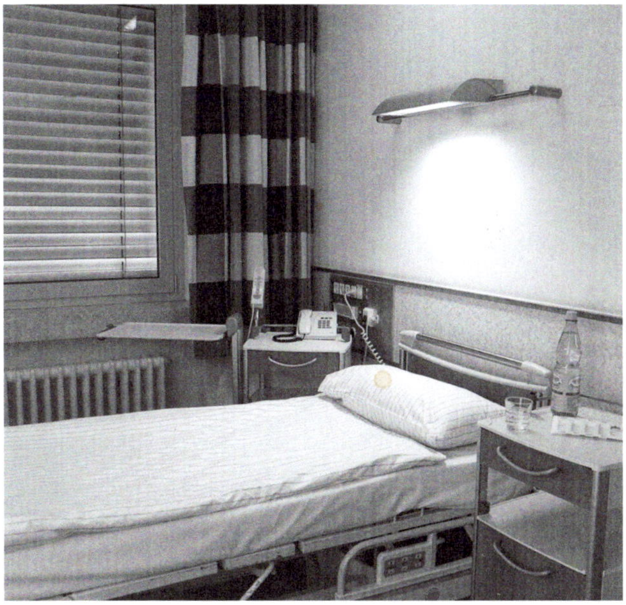

Die Tal-Klinik

1 Wo ist was?

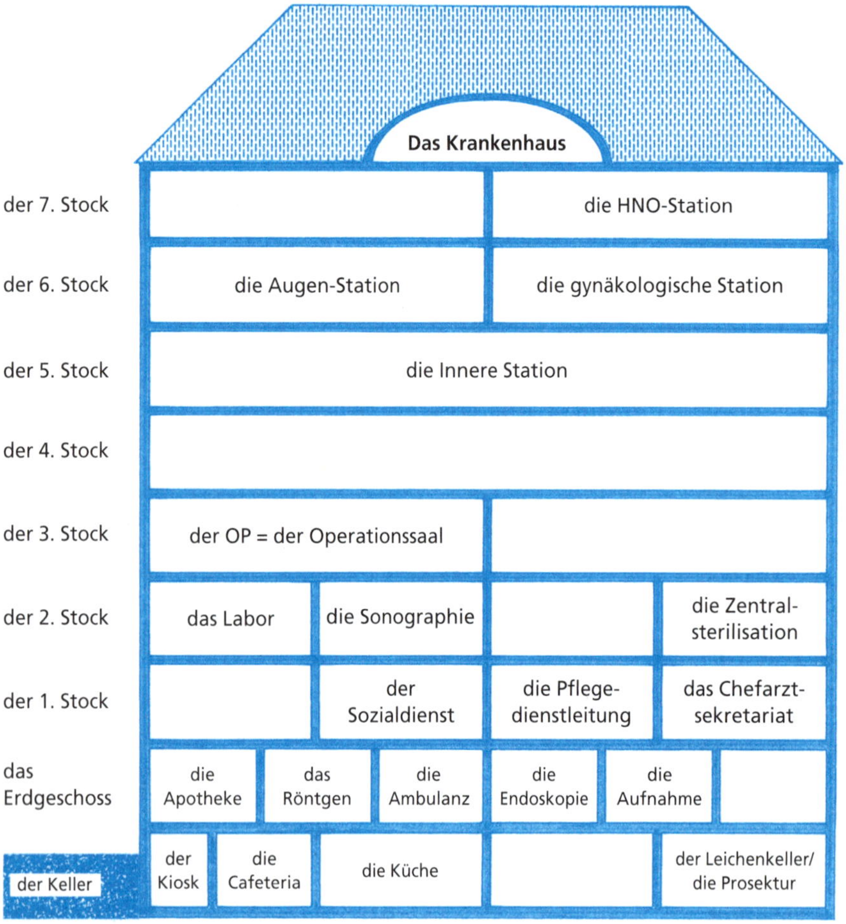

die Personalabteilung
die Physiotherapie
die Pforte • das EKG
die dermatologische Station
die Intensivstation
die chirurgische Station

Die Ordnungszahlen

TIPP

Es ist ganz einfach:
1 – 19: **-te** 20 – …: **-ste**

der/die/das

1. **erste**	11. elf**te**	20. zwanzig**ste**
2. zwei**te**	12. zwölf**te**	21. einundzwanzig**ste**
3. **dritte**	13. dreizehn**te**	30. dreißig**ste**
4. vier**te**	14. vierzehn**te**	40. vierzig**ste**
5. fünf**te**	15. fünfzehn**te**	50. fünfzig**ste**
6. sechs**te**	16. sechzehn**te**	60. sechzig**ste**
7. sieb**te**	17. siebzehn**te**	70. siebzig**ste**
8. ach**te**	18. achtzehn**te**	80. achtzig**ste**
9. neun**te**	19. neunzehn**te**	90. neunzig**ste**
10. zehn**te**		100. hundert**ste**

2 Wo sind die Abteilungen?

Im ersten Stock ist das Chefarztsekretariat. Im Erdgeschoss ist …

3 Wo ist …? Fragen und antworten Sie.

● Wo ist der Aufenthaltsraum?

○ Der Aufenthaltsraum ist das fünfte Zimmer links.

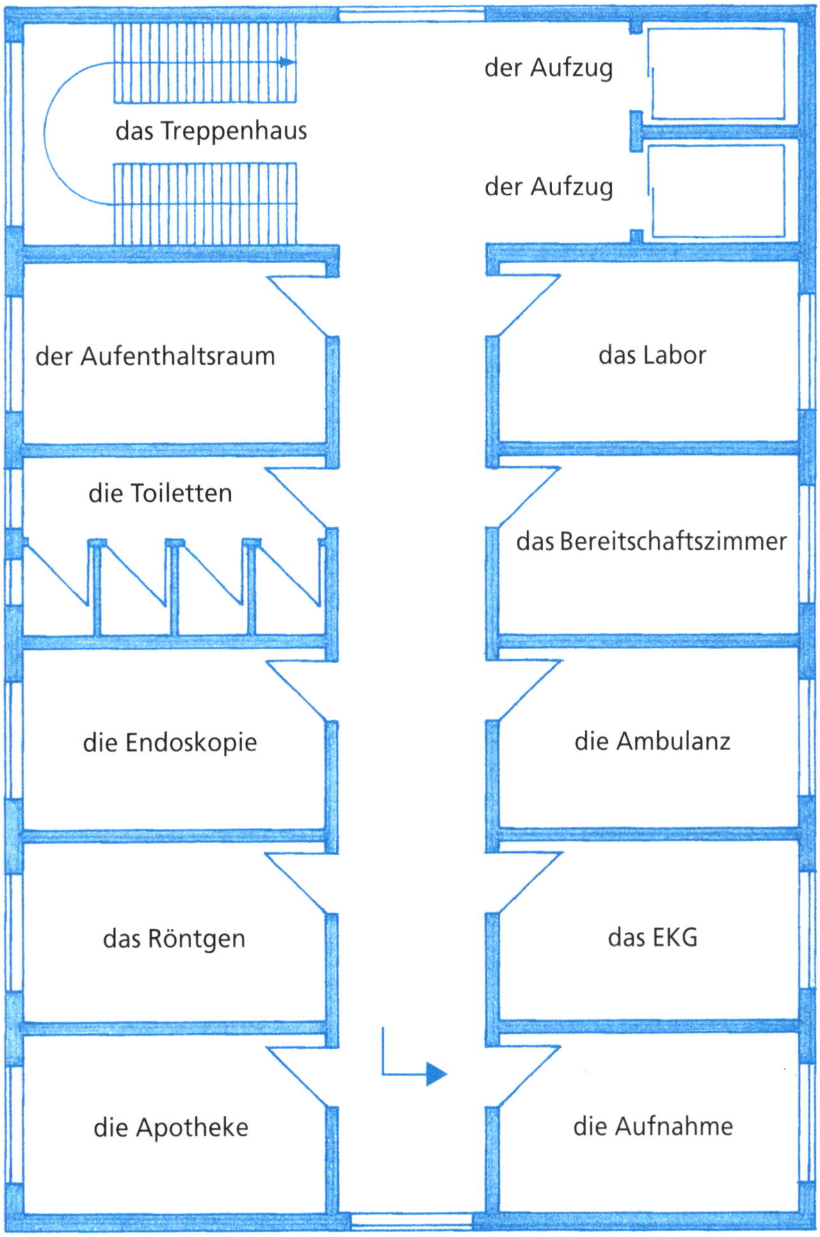

1.18

4 Hören Sie: Auf welcher Etage sind die Abteilungen in dieser Klinik?

das Labor	1	der OP	☐	die dermatologische Station	☐
die Ambulanz	☐	die Pflegedienstleitung	☐	das Röntgen	☐
das EKG	☐	die Sonographie	☐	die Intensivstation	☐
die chirurgische Station	☐	die Physiotherapie	☐		

5 Was passiert wo? Ordnen Sie zu.

1. Beim Sozialdienst
2. Im EKG
3. In der Sonographie
4. Im Röntgen
5. In der Aufnahme
6. Im OP
7. In der Apotheke
8. Im Labor

A schreibt der Krankenpfleger ein EKG.
B melden sich neue Patienten an.
C macht die Röntgenassistentin Röntgenbilder.
D untersucht die MTA (Medizinisch-Technische Assistentin) Blut.
E berät die Sozialberaterin Angehörige.
F macht der Arzt Ultraschalluntersuchungen.
G operiert die Ärztin.
H gibt es Medikamente.

1.19

6a Hören Sie: Welche Abteilungen zeigt Pfleger Achim Schwester Svetlana?

6b Lesen Sie mit verteilten Rollen.

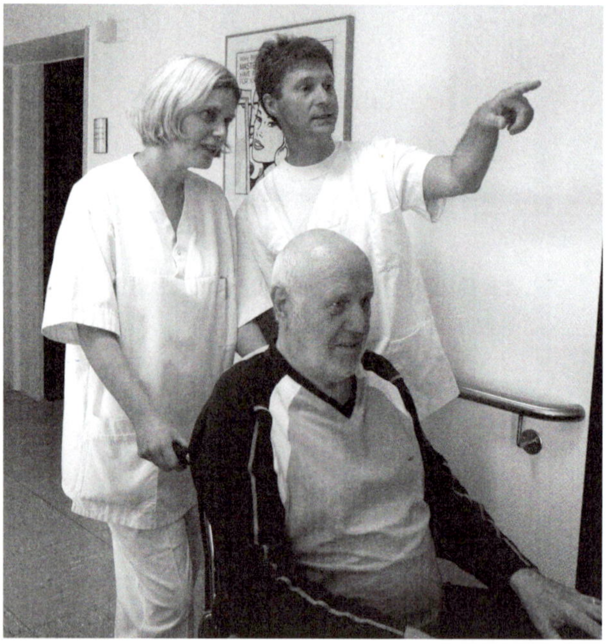

Pfl. Achim: Svetlana, komm, ich zeige dir die Klinik. Zuerst bringen wir Herrn Evertz ins Röntgen. Das Röntgen ist im Erdgeschoss. – Guten Morgen, Herr Evertz. Wir bringen Sie zum Röntgen.
Hr. Evertz: Ja, darauf habe ich schon gewartet.
Pfl. Achim: Wir nehmen den Aufzug ins Erdgeschoss. – So, da sind wir. Hier rechts ist die Röntgenabteilung. Herr Evertz, ich sage Bescheid, dass Sie da sind. Wenn Sie fertig sind, holen wir Sie wieder ab. Bis gleich.
Hr. Evertz: Danke, bis gleich.
Pfl. Achim: Herr Evertz von Station 13 ist jetzt da. – Svetlana, hier links ist die Endoskopie und da vorne ist die Aufnahme.
Sr. Svetlana: Aufnahme, was ist das?
Pfl. Achim: In der Aufnahme melden sich neue Patienten an. Vor der Aufnahme ist das EKG, dort werden EKGs geschrieben.
Svetlana: Okay.
Pfl. Achim: Jetzt bringen wir das Blut ins Labor. Das Labor ist in der zweiten Etage.
Sr. Svetlana: Im Labor wird das Blut untersucht?
Pfl. Achim: Ja, genau. So, da sind wir schon. Hier links stellen wir das Blut ab. Die Befunde können wir heute Nachmittag am Computer abrufen. Das zeige ich dir auf der Station.
Sr. Svetlana: Gut.
Pfl. Achim: Dann fahren wir jetzt wieder in die 5. Etage auf unsere Station.

7 Hören Sie noch einmal: richtig oder falsch? Kreuzen Sie an. 1.19

	R	F
1. Schwester Svetlana und Pfleger Achim gehen in die Aufnahme.	☐	☐
2. Das Röntgen ist im ersten Stock.	☐	☐
3. Links ist die Endoskopie.	☐	☐
4. In der Aufnahme werden EKGs geschrieben.	☐	☐
5. Im Labor wird Blut untersucht.	☐	☐
6. Pfleger Achim stellt das Blut links ab.	☐	☐
7. Die Befunde kann man am Computer abrufen.	☐	☐

Aufträge

8a Hören Sie: Was soll Svetlana tun? 1.20

8b Hören Sie weiter: Welches Problem hat Svetlana? 1.21

8c Lesen Sie und spielen Sie den Dialog nach.

Sr. Susanne: Svetlana, kannst du bitte Frau Krüger zum EKG bringen?
Sr. Svetlana: Entschuldigung, wohin soll ich Frau Krüger bringen?
Sr. Susanne: Zum EKG.
Dr. Stahl: Frau Krüger darf nicht laufen, fahren Sie sie bitte im Rollstuhl.
Sr. Svetlana: Gut, wo ist ein Rollstuhl und wo liegt Frau Krüger?
Sr. Susanne: Sie liegt in Zimmer 19 und einen Rollstuhl findest du im Geräteraum.
Sr. Svetlana: So, Frau Krüger, wir nehmen jetzt den Aufzug. Das EKG ist im Erdgeschoss. Wie geht es Ihnen denn?
Fr. Krüger: Es geht, ich bin sehr müde.
Sr. Svetlana: Jetzt sind wir im Erdgeschoss. – Entschuldigung, wo finde ich bitte das EKG?

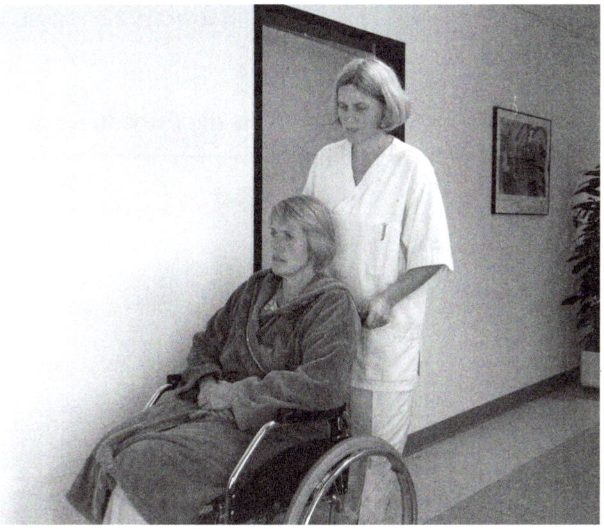

Schwester: Gehen Sie da vorne durch die Glastür, dann ist es die 3. Tür auf der linken Seite.

9a Wie können Sie den Weg erklären? Suchen Sie Beispiele in Aufgabe 8b.

Weg erklären: Fahren Sie mit dem Aufzug in den 1. Stock. Dann gehen Sie nach links, der Sozialdienst ist die 1. Tür rechts. ...

9b Spielen Sie.

Arzt Sie haben Ihren ersten Arbeitstag. Sie sollen ins Röntgen kommen. Sie wissen nicht, wo die Röntgenabteilung ist.	**Ärztin** Erklären Sie den Weg zum Röntgen.
Krankenschwester Der OP hat angerufen. Der Arzt soll in den OP kommen.	**Arzt** Sie haben Ihren ersten Arbeitstag. Sie wissen nicht, wo der OP ist.
Krankenschwester Sie sollen Blut ins Labor bringen. Sie finden das Labor nicht.	**Krankenschwester** Erklären Sie den Weg zum Labor.
Krankenpfleger Ihr Partner soll Herrn Özlem zur Endoskopie bringen.	**Krankenpfleger** Sie verstehen nicht.

TIPP

So können Sie nachfragen:

- Entschuldigung, wohin soll ich ...?
- Aufnahme? Was ist das?
- Habe ich das richtig verstanden, ich soll ...?
- Wie bitte?
- Wo ist ...?

10a Was hören Sie? Notieren Sie die Aufträge.

1.22

Situation 1: *Situation 2:* *Situation 3:*

10b Lesen Sie mit verteilten Rollen.

1

Sr. Susanne: Station 13, Schwester Susanne.
Fr. Wendt: Sonographie, Wendt, guten Tag, Schwester Susanne.
Sr. Susanne: Guten Tag, Frau Wendt.
Fr. Wendt: Bringen Sie bitte Herrn Wirtz in die Sonographie. Ach, und bringen Sie bitte seine Krankenakte mit!

2

Dr. Stahl: Wir sehen uns gleich auf der Station. Ich muss noch kurz zum Chef. Nehmen Sie bitte die alten Röntgenbilder, die der Patient mitgebracht hat, mit auf die Station.
Dr. Kazanski: Gut, das mache ich.

3

Sr. Svetlana: Guten Morgen, Herr Öztürk. Gehen Sie bitte zum Röntgen.
Hr. Öztürk: Wo ist denn das Röntgen?
Sr. Svetlana: Sie fahren mit dem Aufzug ins Erdgeschoss. Dann gehen Sie nach links durch die Glastür. Da ist es die erste Tür auf der rechten Seite.

1.25

11a Sie hören 3 Telefonate: Welche Abteilung ruft an?

1 ____________ 2 ____________ 3 ____________

1.25

11b Hören Sie noch einmal.

1. Was soll Schwester Susanne tun?
   Überlegen Sie: Was sagt sie zu Frau Lange?
2. Was soll Pfleger Achim tun?
   Überlegen Sie: Was sagt er zu Herrn Dr. Stahl?
3. Was soll Schwester Susanne tun?
   Überlegen Sie: Was sagt sie zu Frau Dr. Kazanski?

12a Ordnen Sie das Telefonat.

__ Schicken Sie bitte Frau Puschmann um 10 Uhr in die Sonographie.

__ Tschüss, Frau Maier.

__ Guten Tag, Schwester Susanne, hier Sonographie Maier.

__ Guten Tag, Frau Maier.

__ Um 10 Uhr, das mache ich.

_1_ Innere Station, 13, Schwester Susanne.

__ Danke, auf Wiederhören.

1.28

12b Hören Sie zur Kontrolle.

13 Spielen Sie.

Aufforderungen	**Information des Patienten**
Gehen Sie bitte zum Röntgen. Kommen Sie bitte ... Nehmen Sie bitte die Krankenkurve mit in die Ambulanz.	Ich bringe Sie jetzt in den OP / zum Röntgen / ... Sie dürfen nicht laufen, ich fahre Sie im Rollstuhl.

Krankenschwester
Schicken Sie Frau Puschmann zum Röntgen.

Arzt
Ihr Kollege soll auf die Station kommen und die alten Röntgenbilder mitbringen.

Krankenpfleger
Frau Meier soll zum Röntgen, sie darf nicht laufen.

Krankenschwester
Bringen Sie Herrn Speck in den OP (Zahnprothese! Toilette!).

Arzt
Ihr Kollege soll in die Sonographie kommen.

Höflichkeit: Sätze mit „bitte" klingen freundlicher ☺

Die Station

14a Wo macht man was?

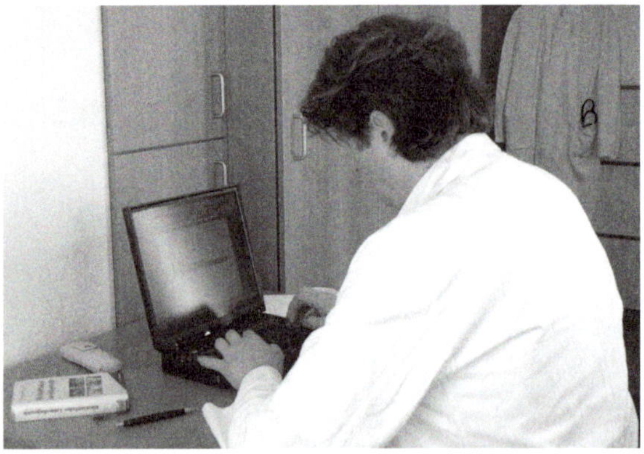

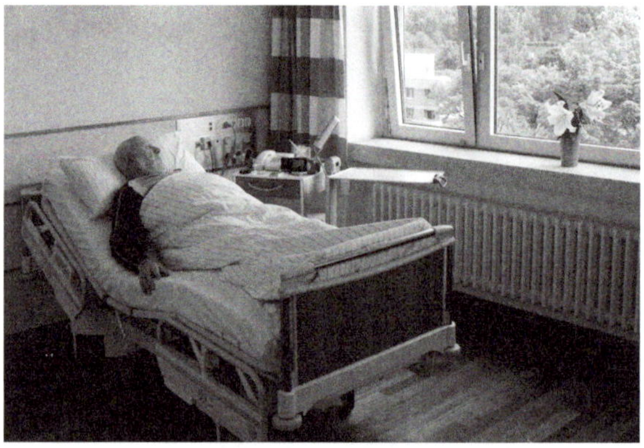

das Dienstzimmer (-) • das Untersuchungszimmer (-) • das Badezimmer (-) • das Arztzimmer (-)
der Arbeitsraum (-"e) • der Geräteraum (-"e) • der Aufenthaltsraum (-"e)
die Teeküche • die Toilette (-n) • das Patientenzimmer (-)

1. Hier schreibt das Pflegepersonal die Kurven. *Dienstzimmer*
2. Hier badet die Patientin. ______
3. Hier treffen sich Patienten. ______
4. Hier leert die Schwester das Steckbecken aus. ______
5. Hier schreibt der Arzt Arztbriefe. ______
6. Hier stehen Rollstühle und Material. ______
7. Hier wird Essen vorbereitet. ______
8. Hier liegt der Patient in seinem Bett. ______
9. Ein anderes Wort ist „WC". ______
10. Hier untersucht die Ärztin die Patientin. ______

14b Wo ist ...? Fragen und antworten Sie.

~~Dr. Stahl~~ • Frau Krüger • Schwester Svetlana • das Essen • der Nachtschrank • Frau Dr. Kazanski
die Klingel • Pfleger Tobias • der Defibrillator • das Bett • Frau Puschmann

● Wo ist Dr. Stahl? ○ Dr. Stahl ist im Arztzimmer.

...

15 Das Krankenhaus: Machen Sie ein Wortnetz mit den Wörtern aus Kapitel 2.

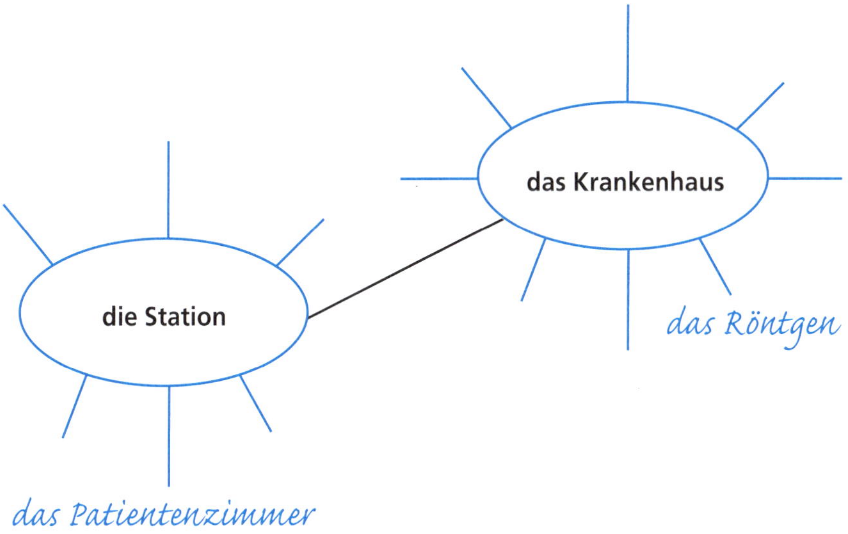

Aussprache

16 Zahlen: Hören Sie und sprechen Sie nach.

1.29

14 – 40 – der 4.	18 – 80 – der 8.	15 – 50 – der 5.	13 – 30 – der 3.	16 – 60 – der 6.
19 – 90 – der 90.	17 –70 – der 70.	10 – der 10.	11 – der 11.	12 – der 12.

17 Berufe: Hören Sie und sprechen Sie nach.

1.30

die Pflegedienstleitung, der Krankenpfleger – die Krankenschwester
der Arzt – die Ärztin, der Assistenzarzt – die Assistenzärztin
der Krankenpflegeschüler – die Krankenpflegeschülerin
der Sozialberater – die Sozialberaterin, der Oberarzt – die Oberärztin

18 Schwierige Wörter aussprechen: Abteilungen und Untersuchungen

1.31

Endoskopie	zur Endoskopie	Ich bringe Sie zur Endoskopie.
Röntgen	zum Röntgen	Gehen Sie bitte zum Röntgen.
EKG	ein EKG	Ich schreibe Ihnen ein EKG.
Ultraschalluntersuchung	eine Ultraschalluntersuchung	Ich mache eine Ultraschalluntersuchung.

19 Schreiben Sie weitere schwierige Wörter und Sätze. Üben Sie im Kurs.

Geräteraum	*im Geräteraum*	*Der Rollstuhl ist im Geräteraum.*

Grammatik

Aufforderungen und Bitten (Imperativ)

„Du-Form"	**Imperativ**	**„Sie-Form"**	**Imperativ**
du hilfst	Hilf!	Sie helfen	Helfen Sie!

In Imperativsätzen steht das Verb immer auf Position 1.

20 Ergänzen Sie die Verben im Imperativ.

gehen • ~~setzen~~ • bringen • schicken • helfen • geben • nehmen

1. Setzen Sie sich bitte auf den Stuhl!
2. ________ Sie bitte Ihre Tabletten!
3. ________ Sie bitte zum Röntgen!
4. ________ Sie bitte Frau Krüger zum EKG!
5. ________ Sie bitte Frau Puschmann in die Sonographie!
6. ________ mir bitte beim Bettenmachen!
7. ________ mir bitte das Fieberthermometer!

Ortsangaben mit Dativ oder Akkusativ nach Wechselpräpositionen

wohin? Aktion	Ich bringe Frau Krüger	in den OP. ins Röntgen. in die Sonographie.
wo? Position	Frau Krüger ist	im OP. im Röntgen. in der Sonographie.

in das → ins   in dem → im

Ortsangaben nur mit Dativ

wohin?	**zu**	Ich muss noch kurz zum Chef.
wo?	**bei**	Ich war gerade beim Chef.

zu dem → zum   zu der → zur   bei dem → beim

Ortsangaben nur mit Akkusativ

wohin?	**durch**	Gehen Sie da vorne durch die Glastür!

21 Ortsangaben mit Dativ: Bauen Sie Sätze.

Frau Krüger	liegt	im OP.
Das Röntgen	ist	im Erdgeschoss.
Schwester Svetlana	steht	in der 1. Etage.
Der Rollstuhl		in der Sonographie.
Dr. Stahl		im Bett.
Die Aufnahme		im Geräteraum.

22 Ortsangaben mit Akkusativ: Bauen Sie Sätze.

Bring	bitte	das Blut	in den OP.
Fahr		Frau Krüger	ins Labor.
Setz		die Röntgenbilder	ins Fach.
Leg		den Befund	in den Rollstuhl.
		den Patienten	ins Röntgen.

23 Überlegen Sie zuerst: *wo* oder *wohin*? Ergänzen Sie dann Präpositionen und Artikel.

vor der • zur • auf die • zum • aus dem • zu • in • aus dem • auf der • zu • im • ins • auf den

Guten Morgen, Jessica! Heute ist viel zu tun! Geh bitte zuerst ________ (1) Frau Krüger ________ (2) Zimmer 14 und mach ihr Bett. Sie soll sich so lange ________ (3) Stuhl setzen. Bring dann bitte Herrn Özlem ________ (4) Endoskopie. Die ist ________ (5) Erdgeschoss. Danach muss Frau Krüger ________ (6) EKG. Sie kann nicht laufen, deshalb musst du dir zuerst den Rollstuhl ________ (7) Geräteraum holen. Der Geräteraum ist ________ (8) Teeküche. Auf dem Rückweg kannst Du gleich noch ________ (9) Sekretariat gehen und den Arztbrief für Herrn Schulz ________ (10) Postfach holen. Dann kommst du wieder ________ (11) Station. Sobald du ________ (12) Station bist, geh bitte ________ (13) Schwester Susanne und hilf ihr. Danke!

24 Schreiben Sie die Aufforderungen aus Aufgabe 23 in der Sie-Form.

Guten Morgen, Jessica! Heute ist viel zu tun! Gehen Sie bitte zuerst ...

25 Ein Arbeitstag in Ihrer Klinik. Geben Sie Aufträge.

Betten

1 Das Bett und der Wäschewagen: Wie heißen die Dinge auf den Fotos? Bild A hilft Ihnen.

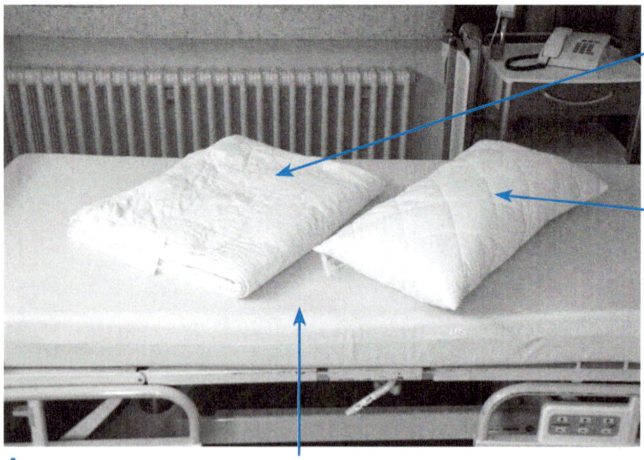

A

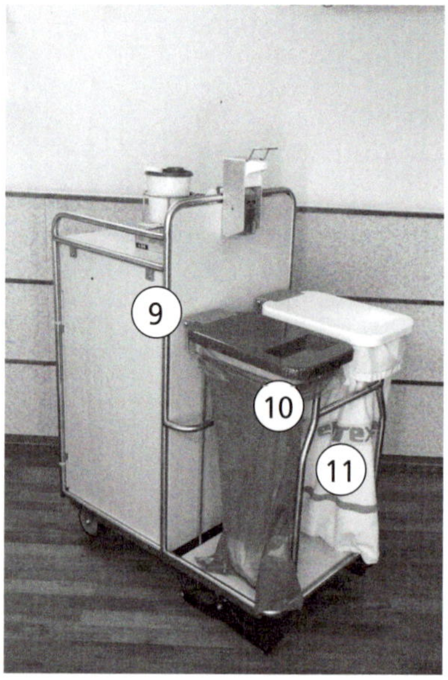

B

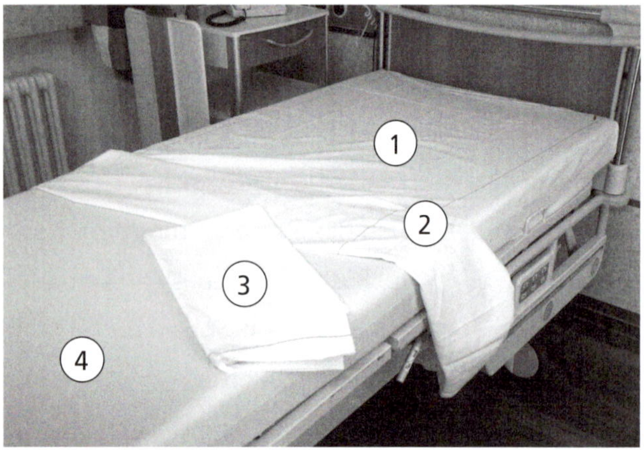

C

1 das Laken (-) / das Betttuch ("-er)
2 das Stecklaken (-)
3 die Betteinlage (-n)
4 ______________________
5 ______________________
6 der Kissenbezug ("-e)
7 ______________________
8 der Bettbezug ("-e)
9 der Wäschewagen (-)
10 der Müllsack ("-e)
11 der Wäschesack ("-e)

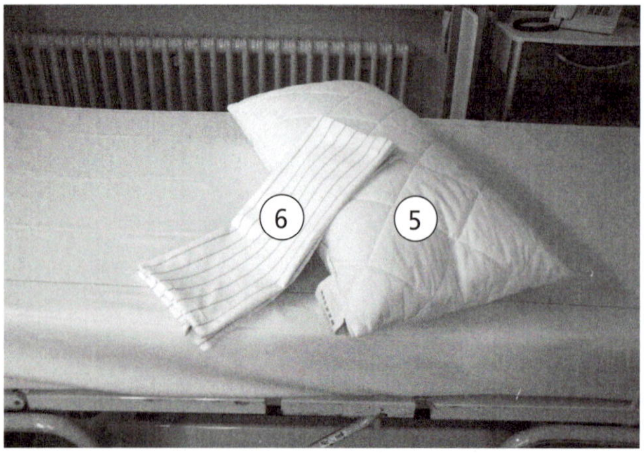

D

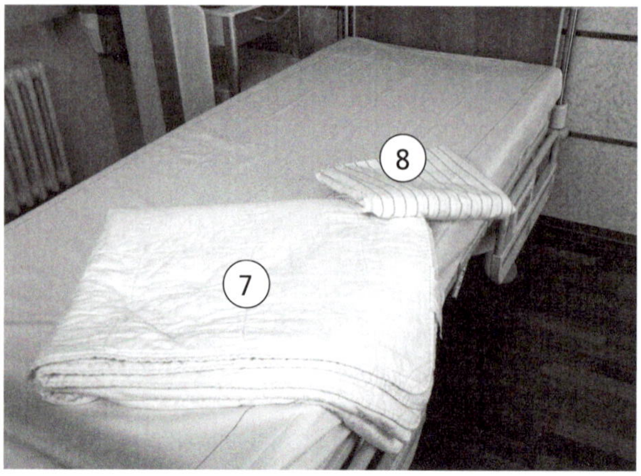

E

1.32

2a Hören Sie: Welche Wünsche hat Frau Krüger?

2b Lesen Sie mit verteilten Rollen.

Sr. Svetlana: Guten Morgen, Frau Krüger.
Fr. Krüger: Guten Morgen.
Pfl. Achim: Guten Morgen, Frau Krüger. Ich bin Pfleger Achim. Wir machen jetzt Ihr Bett. Stehen Sie bitte auf? Ich helfe Ihnen.
Fr. Krüger: Das ist nett.
Pfl. Achim: Setzen Sie sich bitte hier auf den Stuhl.
Fr. Krüger: Können Sie bitte meine Decke neu beziehen? Sie hat einen Fleck.
Sr. Svetlana: Ich ziehe sie gleich ab. Das Kissen ist noch gut, das schüttel ich nur auf und das Laken ziehen wir glatt.
Pfl. Achim: Hier ist ein neuer Bezug, den alten stecke ich in den Wäschesack.
Fr. Krüger: Geben Sie mir bitte meinen Bademantel? Er hängt im Schrank. Mir ist sehr kalt.
Sr. Svetlana: Ich hole ihn sofort.
Fr. Krüger: Danke. Können Sie bitte die Betteinlage herausnehmen? Die brauche ich doch nicht mehr und ich schwitze damit so stark.
Sr. Svetlana: Ja, das machen wir.
Pfl. Achim: Brauchen Sie sonst noch etwas? Gleich gibt es Frühstück, möchten Sie aufbleiben?
Fr. Krüger: Nein, danke, ich habe alles. Und für das Frühstück setze ich mich an den Tisch.
Sr. Svetlana: Bis gleich.

2c Sehen Sie die Fotos auf Seite 27 und 28 an und spielen Sie die Situationen. Was sagen Sie?

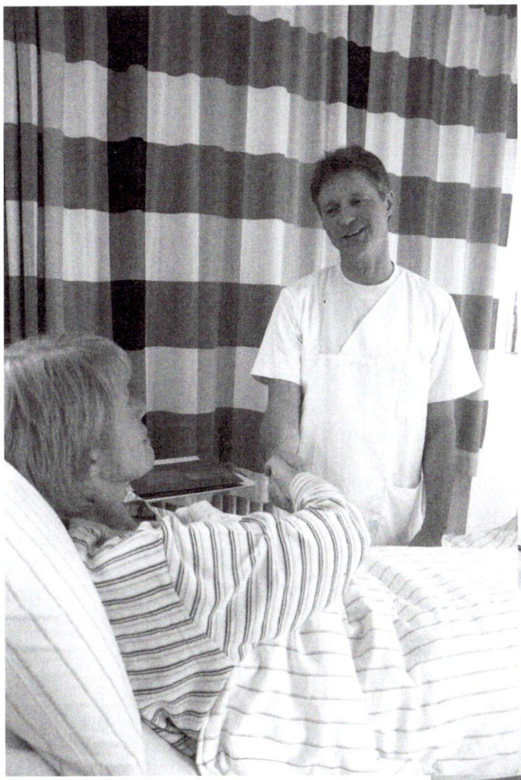

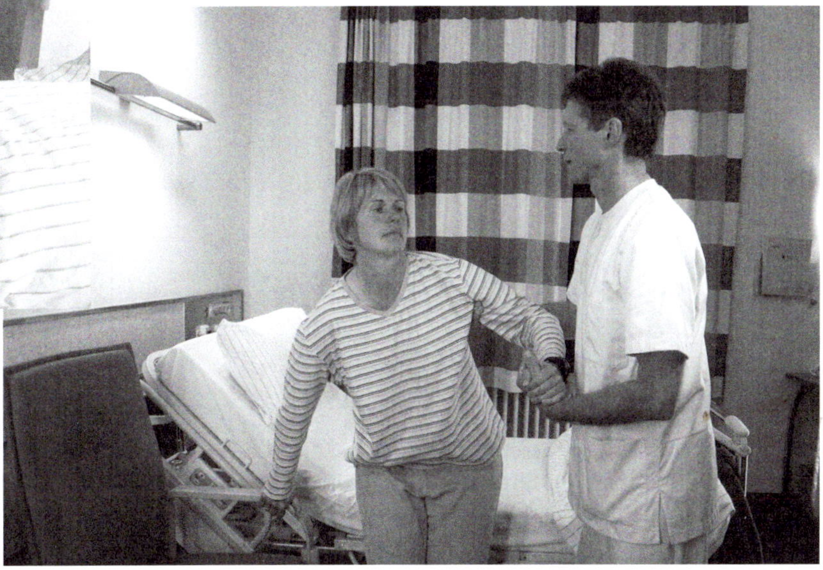

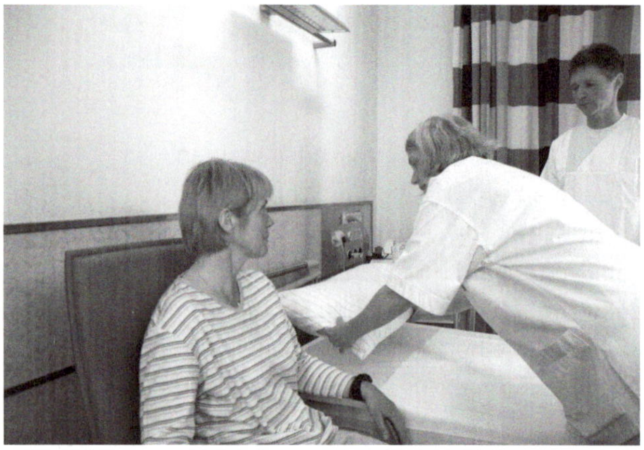

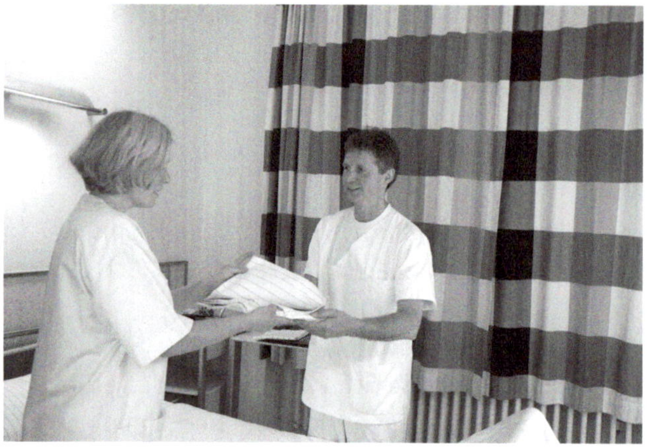

3 Welche Wörter passen zusammen?

abziehen	das Kissen	aufstehen
glatt ziehen	der Patient	machen
herausnehmen	die Decke	aufbleiben
aufschütteln	das Bett	beziehen
	die Betteinlage	
	das Laken	

1.33

4a Hören Sie und nummerieren Sie in der richtigen Reihenfolge.

__ Ja, ich ziehe es ab. Ich hole einen neuen Bezug. Wie geht es Ihnen im Sitzen?

_1_ Guten Morgen, wir möchten Ihr Bett machen.

__ Stehen Sie bitte auf und setzen Sie sich auf den Stuhl.

__ Nicht so gut.

__ Ich hole ihn, hier ist er.

__ Der hängt im Schrank.

__ Danke schön. Auf meinem Kissen ist ein Fleck, können Sie das bitte beziehen?

__ Dann helfe ich Ihnen jetzt zurück in Ihr Bett. Hier ist die Klingel, falls Sie etwas brauchen.

__ Wo ist Ihr Bademantel?

__ Guten Morgen, das ist schön.

4b Schreiben Sie den Dialog und ergänzen Sie *K* für Krankpflegepersonal und *P* für Patient.

K: Guten Morgen, wir möchten Ihr Bett machen.

P: Guten Morgen, das ist schön.

1.33

4c Hören Sie noch einmal zur Kontrolle und lesen Sie mit verteilten Rollen.

Waschen und Prophylaxen

5a Hören Sie: Welche Prophylaxe bekommt Herr Evertz? 1.34

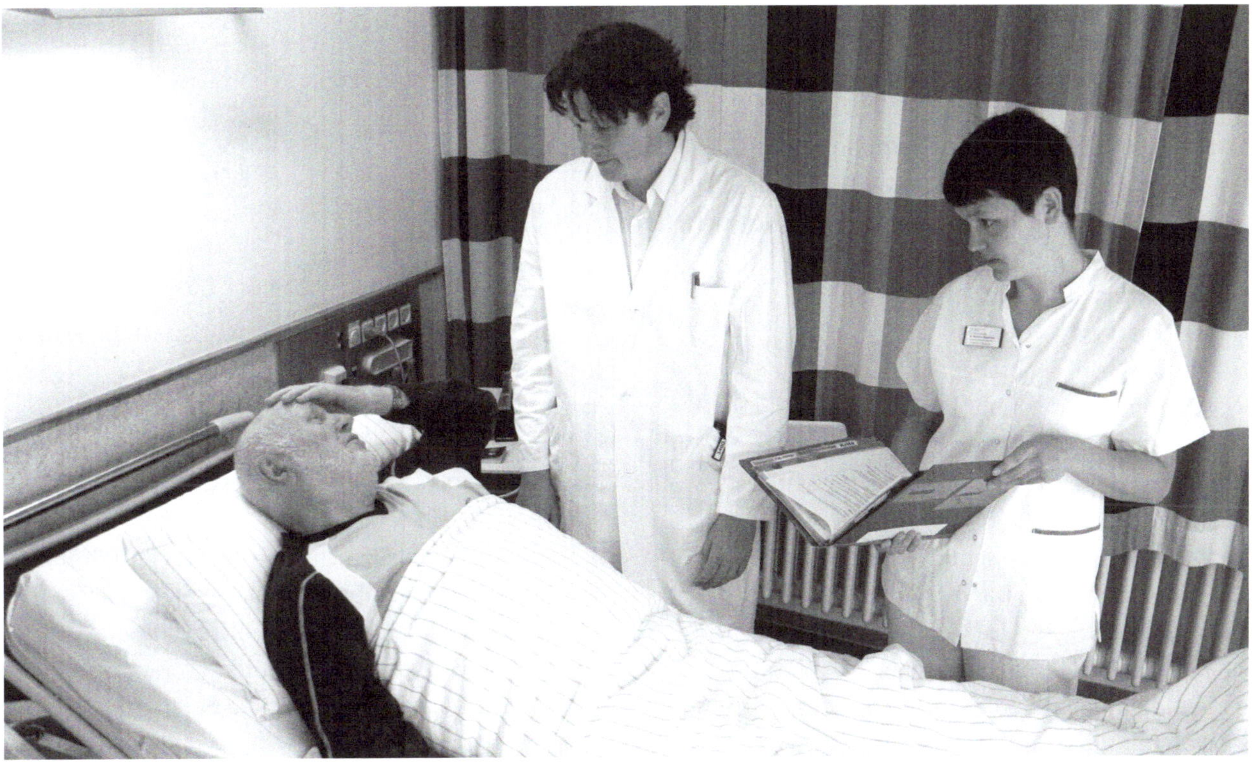

5b Lesen Sie. Darf Herr Evertz aufstehen?

Dr. Stahl: Guten Morgen, Herr Evertz. Wie geht es Ihnen heute?
Hr. Evertz: Guten Morgen, Herr Dr. Stahl, schon besser. Darf ich heute aufstehen?
Dr. Stahl: Nein, Sie haben noch Bettruhe, wir müssen warten, bis der Schwindel vorbei ist. Und ich möchte mir vorher Ihr EKG ansehen.
Schwester Susanne, Herr Evertz bekommt weiterhin Heparin subcutan als Thromboseprophylaxe.
Sr. Susanne: O.k., Antithrombosestrümpfe haben Sie ja auch schon an.
Hr. Evertz: Brauche ich die wirklich? Die sind so warm.
Dr. Stahl: Ich weiß, aber die müssen Sie bitte anlassen.

6 Kennen Sie weitere Prophylaxen? Sammeln Sie im Kurs.

7 Was gehört zusammen?

Prophylaxe		**Ziel**	
die Dekubitusprophylaxe die Thromboseprophylaxe die Pneumonieprophylaxe	soll	die Thrombose die Pneumonie (= Lungenentzündung) den Dekubitus	verhindern.

8 Für jede Prophylaxe gibt es verschiedene Maßnahmen. Welche Maßnahmen finden Sie in Aufgabe 5?

Prophylaxe: ____________________

Maßnahmen: ____________________

1.35

9 Hören Sie: Zu welcher Prophylaxe gehört „Triflo^{R}"?

1.36

10a Hören Sie: Um welche Prophylaxen und Maßnahmen geht es hier?

10b Lesen Sie mit verteilten Rollen.

Sr. Svetlana: Guten Morgen, Herr Popov.
Hr. Popov: Guten Morgen, Schwester Svetlana.
Sr. Svetlana: Stehen Sie bitte auf und waschen sich? Ich helfe Ihnen ans Waschbecken.
So, hier ist ein Stuhl, setzen Sie sich bitte.
Haben Sie alles?
Hr. Popov: Nein, ich brauche bitte noch meine Waschlappen und meine Handtücher.
Sr. Svetlana: Sind das diese hier?
Hr. Popov: Nein, das sind nicht meine Handtücher. Meine hängen rechts.
Sr. Svetlana: Gut, hier ist auch Ihre Zahnbürste und der Zahnputzbecher. Dann können Sie sich auch die Zähne putzen.
Hr. Popov: Das mache ich. Können Sie mir bitte meinen Kamm aus der Kulturtasche geben? Ich möchte mir die Haare kämmen.
Sr. Svetlana: Hier ist Ihr Kamm. Waschen Sie sich bitte schon mal. Wenn Sie sich die Beine nicht selbst waschen können, dann helfe ich Ihnen.

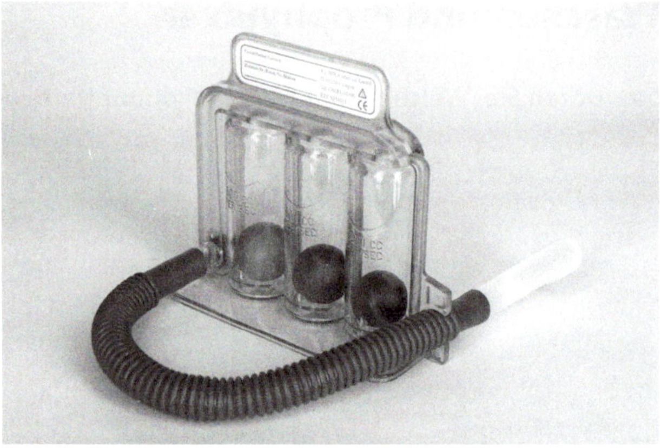

Hr. Popov: Ja, gern. Können Sie mir danach bitte den Rücken waschen?
Sr. Svetlana: Ja, das mache ich.
So, dann wasche ich Ihnen jetzt den Rücken. Ziehen Sie sich danach bitte Ihren Schlafanzug wieder an.
Hr. Popov: Danke schön.
Sr. Svetlana: Legen Sie sich bitte auf das Bett. Können Sie sich die Antithrombosestrümpfe selbst anziehen?
Hr. Popov: Nein, da brauche ich bitte Hilfe.
Sr. Svetlana: Gut, dann unterstütze ich Sie beim Anziehen. Brauchen Sie auch Hilfe bei Ihrer Atemgymnastik?
Hr. Popov: Nein, die kann ich allein machen.
Sr. Svetlana: Dann bis später!

10c Schreiben Sie einen passenden Satz.

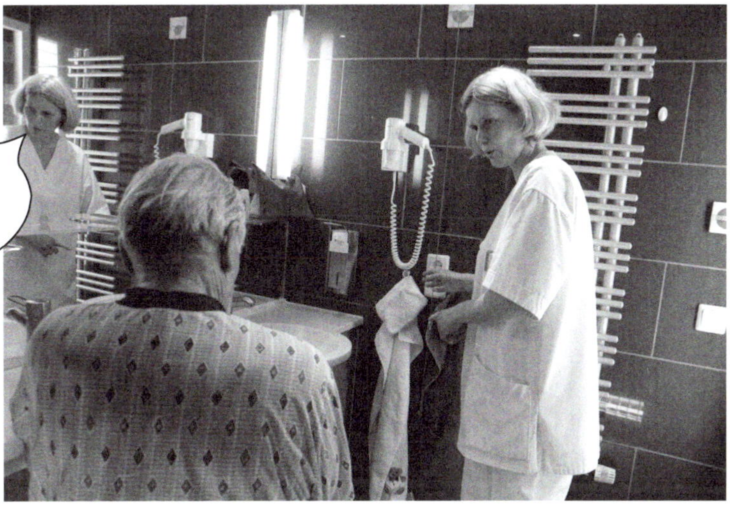

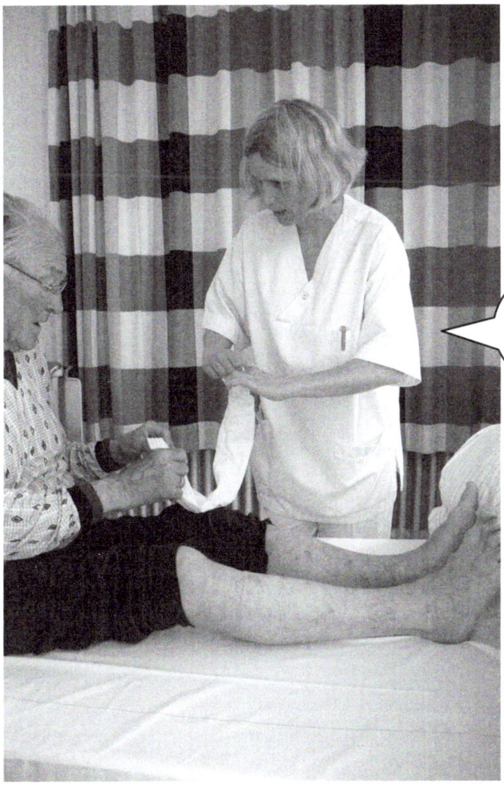

11 Suchen Sie passende Wörter in Aufgabe 10 und in Ihrem Wörterbuch.

waschen – die Körperpflege

der Zahnputzbecher (-) – die Zahnpflege/ Mundpflege

Haare kämmen – die Haarpflege

12 Notieren Sie die verschiedenen Prophylaxen in Ihrem Vokabelheft.

**13 Was können Sie beim Betten und beim Waschen sagen?
Ergänzen Sie. Die Aufgaben 2 und 10 helfen Ihnen.**

Aufforderungen	Nachfragen
Stehen Sie bitte auf.	Wo ist Ihr Bademantel?

14 Spielen Sie. Aufgabe 13 hilft Ihnen.

Anordnung/Erklärung des Arztes

Herr Evertz bekommt weiterhin Heparin subcutan.
Melden Sie bitte Herrn Evertz bei der Physiotherapie für Triflo^R und Atemgymnastik an.
Das ist zur Pneumonieprophylaxe, damit Sie keine Lungenentzündung bekommen.

Angehöriger
Fragen Sie, warum Ihre Mutter zur Physiotherapie muss.

Arzt
Erklären Sie, warum die Patientin Pneumonieprophylaxe bekommt.

Krankenschwester
Sie kommen in das Patientenzimmer und möchten das Bett machen. Sprechen Sie mit der Patientin.

Patientin
Sie brauchen Ihren Bademantel.

Krankenpfleger
Sie machen das Bett.

Patient
Sie sitzen auf dem Stuhl. Es geht Ihnen nicht gut.

Krankenschwester
Fragen Sie die Ärztin, welche Prophylaxe Herr Becerra bekommen soll.

Ärztin
Ordnen Sie 2 Prophylaxen an.

Die Würfel-Klinik

Wer gewinnt und hat zuerst Feierabend?

Spielen Sie. Wer nicht antworten kann, geht zwei Schritte zurück.

	1 Buchstabieren Sie Ihren Namen.	2 Stellen Sie sich Ihren Mitspielern vor.	3 Sagen Sie einen Satz mit „bitte"!	4 Neue Patienten müssen zuerst zur ______.
9 Nennen Sie fünf Dinge aus einem Patientenzimmer.	8 Bitten Sie eine Patientin aufzustehen.	7 Gehen Sie zwei Schritte zurück.	6 Wo werden Patienten operiert?	5 Nennen Sie drei Stationen im Krankenhaus.
10 Was sagen Sie beim Bettenmachen?	11 Erklären Sie einem Patienten, wo das EKG ist.	12 Wie viele Kolleginnen und Kollegen gibt es auf Ihrer Station?	13 Gehen Sie drei Schritte vor.	14 Erklären Sie einer Patientin, warum sie Antithrombosestrümpfe braucht.
19 Gehen Sie drei Schritte zurück.	18 Fragen Sie eine Patientin, wie es ihr jetzt nach der Operation geht.	17 Nennen Sie drei Abteilungen im Krankenhaus.	16 Schicken Sie eine Patientin zur Endoskopie.	15 Nennen Sie drei Zimmer einer Station.
20 Bitten Sie einen Patienten, Fieber zu messen.	21 Ich arbeite ____ der Station.	22 Fragen Sie, wann Frau Krüger zum EKG muss.	23 Sagen Sie einer Angehörigen, wo ihr Vater liegt.	24 Gehen Sie drei Schritte vor.
29 Fragen Sie die Stationsleitung, welche Prophylaxe Frau Krüger braucht.	28 Gehen Sie einen Schritt vor.	27 Schicken Sie eine Patientin zum Röntgen.	26 Wie viele Patientenzimmer gibt es auf Ihrer Station?	25 Nennen Sie drei Prophylaxen.
30 Wann beginnt Ihr Frühdienst?	31 Nennen Sie eine Prophylaxe und eine Maßnahme dazu.	32 Gehen Sie zwei Schritte vor.	33 Erklären Sie dem Patienten, warum er Pneumonieprophylaxe bekommt.	34 Was sagen Sie beim Waschen zu dem Patienten / der Patientin?
	38 Dr. Kazanski ist ____ OP.	37 Gehen Sie zwei Schritte vor.	36 Wann endet Ihr Nachtdienst?	35 Nennen Sie drei Dienste.

Grammatik

Trennbare Verben und Satzklammer

auf | stehen

Präfix **Stamm**

Aufforderungssatz	**Position 1**			**Ende**
	Stehen	Sie bitte		auf !
Aussagesatz		**Position 2**		**Ende**
	Nein, ich	stehe	nicht	auf .
W- Frage		**Position 2**		**Ende**
	Warum	stehen	Sie nicht	auf ?

Bei trennbaren Verben ist der Akzent immer auf dem Präfix: <u>auf</u> – stehen

15 Bilden Sie Sätze.

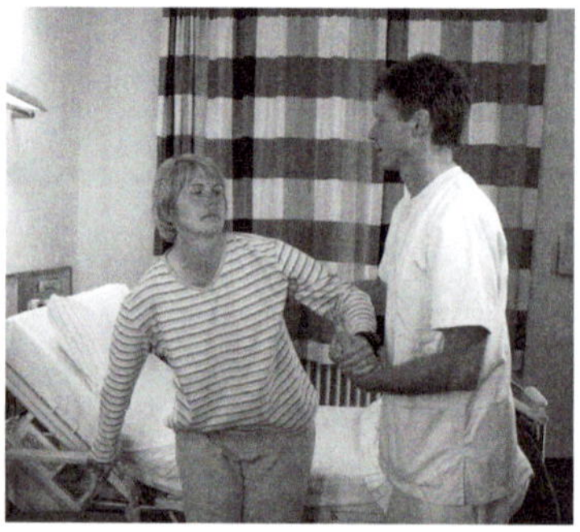

1. ich – die Bettdecke – abziehen – .
2. das Kissen – aufschütteln – ich – .
3. glattziehen – das Laken – bitte – Sie – !
4. bitte – Sie – herausnehmen – die Betteinlage – !
5. die Antithrombosestrümpfe – bitte – anlassen – Sie – noch zwei Tage – !
6. zum Frühstück – Sie – aufstehen – bitte – ?
7. Herrn Evertz – anmelden – bei der Physiotherapie – Sie – bitte – !

1. Ich ziehe ...

Reflexivpronomen

Akkusativ		Dativ	
Personalpronomen	**Reflexivpronomen**	**Personalpronomen**	**Reflexivpronomen**
mich	mich	mir	mir
dich	dich	dir	dir
Sie	sich	Ihnen	sich
ihn/es/sie	sich	ihm/ihm/ihr	sich
uns	uns	uns	uns
euch	euch	euch	euch
Sie	sich	Ihnen	sich
sie	sich	ihnen	sich

16 Welche Formen sind bei Personalpronomen und Reflexivpronomen verschieden? Markieren Sie.

Verben mit Akkusativ und Dativ und reflexive Verben mit Akkusativ und Dativ

Schwester Svetlana sagt zu Herrn Popov:

Ich	wasche	Sie.	
Subjekt	Verb	Akkusativergänzung.	
Ich	wasche	Ihnen	den Rücken.
Subjekt	Verb	Dativergänzung	Akkusativergänzung

Herr Popov sagt:

Ich	wasche	mich.	
Subjekt	Verb	Akkusativergänzung	
Ich	wasche	mir	den Bauch.
Subjekt	Verb	Dativergänzung	Akkusativergänzung

17 Reflexivpronomen im Akkusativ: Bilden Sie Sätze.

Ich	setzt	mich	auf das Bett.
Herr Popov	wäscht	sich	an.
Frau Krüger	legt		an den Tisch.
	setze		auf den Stuhl.
	lege		
	zieht		

Herr Popov wäscht sich.

18 Ergänzen Sie die Reflexivpronomen im Dativ.

1. Wenn Sie ________ die Beine nicht selbst waschen können, helfe ich Ihnen.
2. Ziehen Sie ________ bitte Ihren Schlafanzug an.
3. Ich möchte ________ Ihr EKG ansehen.
4. Hier ist Ihre Zahnbürste. Dann können Sie ________ die Zähne putzen.

19 Sie helfen einem Patienten beim Waschen. Was sagen Sie? Schreiben Sie Sätze mit reflexiven Verben.

Guten Morgen, Herr Popov! ...

Der Körper

1a Körperteile: Ordnen Sie zu und tragen Sie die Zahlen ein.

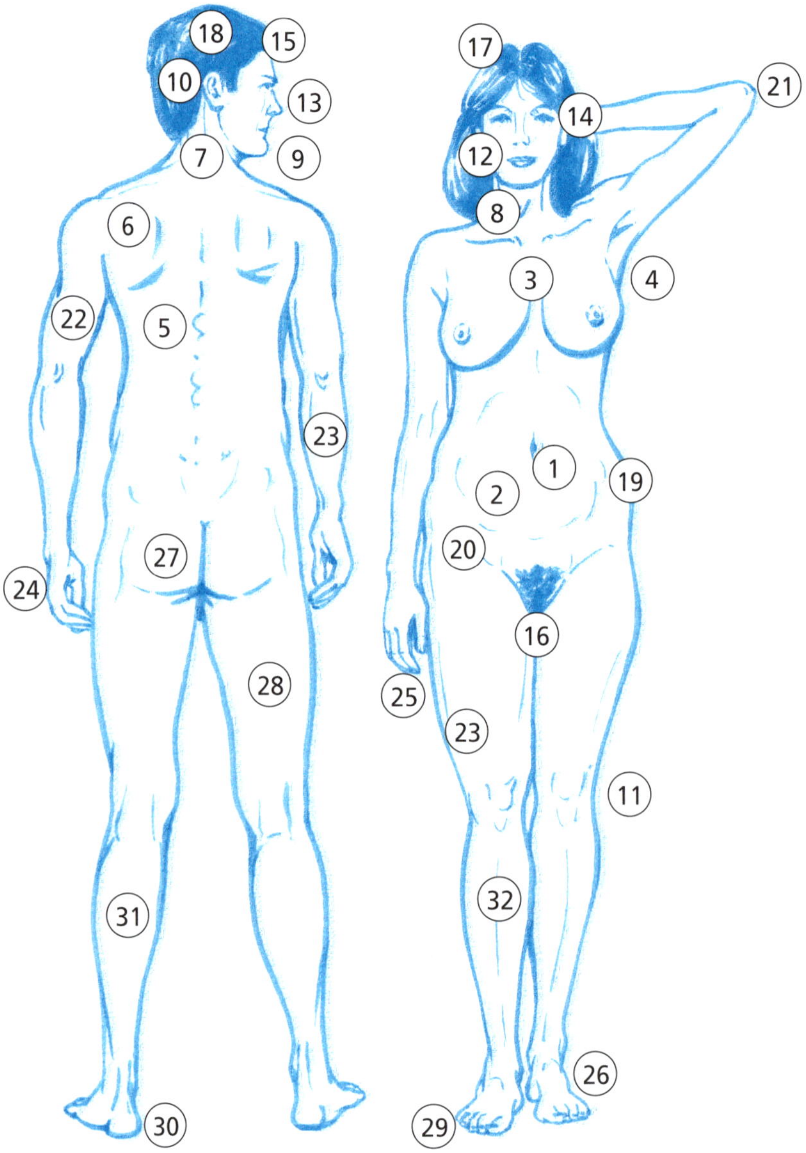

__ die Achsel	__ das Auge	__ der Bauch	__ der Bauchnabel	__ die Brust
__ der Ellbogen	__ die Ferse	__ der Finger	__ der Fuß	__ der Genitalbereich
__ das Haar	__ der Hals	__ die Hand	__ die Hüfte	__ das Kinn
__ das Knie	__ der Kopf	__ die Leiste	__ der Mund	__ der Nacken
__ die Nase	__ der Oberarm	__ der Oberschenkel	__ das Ohr	__ der Po / das Gesäß
__ der Rücken	__ die Schulter	__ die Stirn	__ der Unterarm	__ der Unterschenkel
__ die Wade	__ die Zehe / der Zeh			

1b Schreiben Sie mit Übersetzung in Ihr Vokabelheft.

1 der Bauchnabel =

Das Untersuchungsgespräch

2a Hören Sie das Untersuchungsgespräch beim Orthopäden: Welche Beschwerden hat die Patientin? 1.37

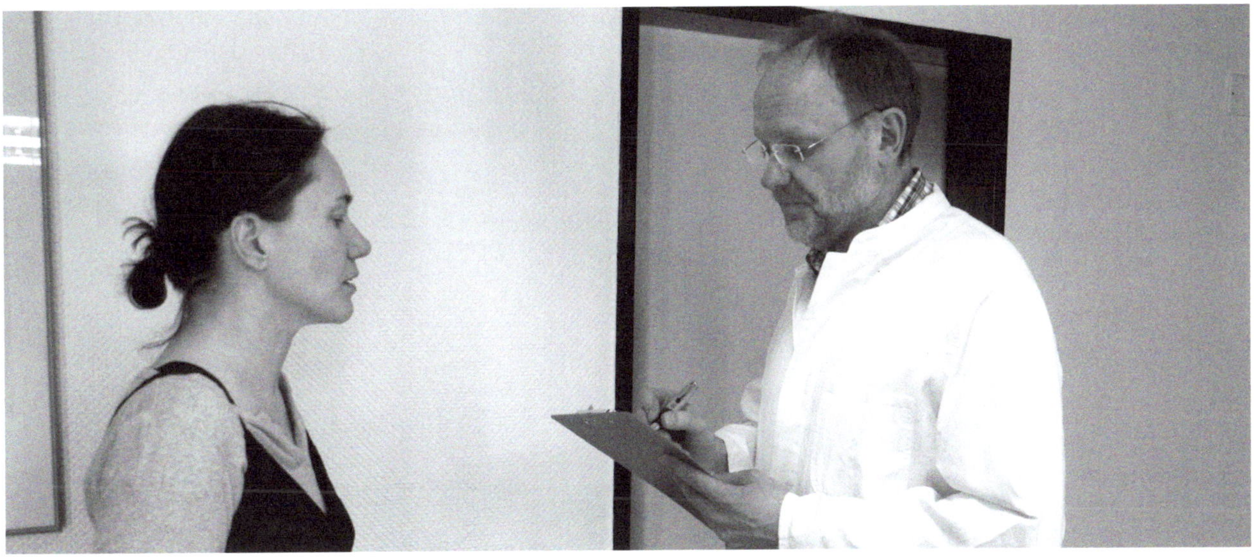

2b Ergänzen Sie die Körperteile.

Bein • Rücken • Oberschenkel • Arm • linke Schulter

Dr. Hartmann: Guten Tag, Frau Rademacher. Wie geht es Ihnen?
Fr. Rademacher: Guten Tag, Herr Doktor.
Dr. Hartmann: Was haben Sie für Beschwerden?
Fr. Rademacher: Ich habe seit zwei Wochen Rückenschmerzen, hier an dieser Stelle.
Dr. Hartmann: Ich untersuche Sie jetzt. Stellen Sie sich bitte gerade hin. Nun heben Sie die __________ __________ hoch. Nun heben Sie bitte Ihre rechte Schulter hoch. Tut das weh?
Fr. Rademacher: Nein, das geht.
Dr. Hartmann: Können Sie den ________ über den Kopf heben? Ja, so ist es gut. Nun legen Sie sich bitte auf den ___________.
Fr. Rademacher: Gut.
Dr. Hartmann: Können Sie das rechte ________ anheben? – Jetzt bitte das linke. – Und nun drücken Sie bitte mit dem ______________________ gegen meine Hand.

2c Hören Sie noch einmal zur Kontrolle. 1.37

2d Lesen Sie mit verteilten Rollen.

3 Spielen Sie mit dem Partner. Siezen Sie sich.

Beispiel:
Tief ein und ausatmen: *Atmen Sie bitte tief ein und aus.*

Bein anheben • Arm über den Kopf heben • sich gerade hinstellen
auf den Rücken legen • tief einatmen und ausatmen
Oberschenkel gegen meine Hand drücken • das Bein beugen

4 Spielen Sie. Die Tabelle hilft Ihnen.

Nachfragen	Aufforderungen/Informationen	Patient
Wie geht es Ihnen? Was haben Sie für Beschwerden? Seit wann haben Sie die Beschwerden? Tut das weh? Wo tut es weh?	Stellen Sie sich bitte gerade hin. Ich untersuche Sie jetzt. Heben Sie bitte den Arm über den Kopf.	Ich habe seit 2 Wochen Rückenschmerzen, hier an dieser Stelle. Hier tut es weh. Nein, das tut nicht weh.

Arzt

Fragen Sie nach
- dem Befinden des Patienten,
- den Beschwerden,
- der zeitlichen Dauer,
- der Lokalisation des Schmerzes.

Der Patient soll sich auf den Rücken legen und
- sein Bein anheben,
- sein Bein gegen Ihre Hand drücken,
- das Bein beugen.

Fragen Sie nach, ob das weh tut.

Patient

Ihnen tut das rechte Bein weh.

Zeigen Sie die genaue Stelle.

Das Bein tut seit einer Woche weh.

Sie haben starke Schmerzen.

Sie können nicht laufen.

Arzt

Fragen Sie nach
- dem Befinden des Patienten,
- den Beschwerden,
- der zeitlichen Dauer,
- der Lokalisation des Schmerzes.

Der Patient soll sich gerade hinstellen und
- seinen Arm über den Kopf heben,
- seinen Arm gegen Ihre Hand drücken,
- den Arm beugen,
- die Arme hinter den Rücken nehmen.

Fragen Sie nach, ob das weh tut.

Patient

Ihnen tut der linke Arm weh.

Zeigen Sie die genaue Stelle.

Der Arm tut seit 14 Tagen weh.

Sie haben starke Schmerzen.

Sie können nichts tragen und den Arm nicht hochheben. Sie können sich nicht ohne Schmerzen anziehen.

Beschwerden

5a Hören Sie. Was tut den Patienten weh?

1.38

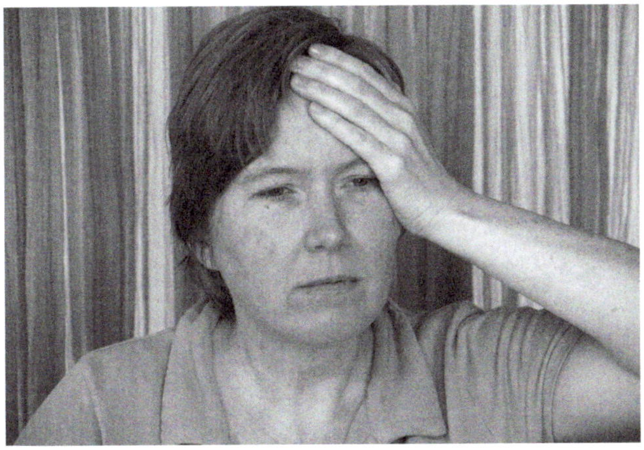

1

2

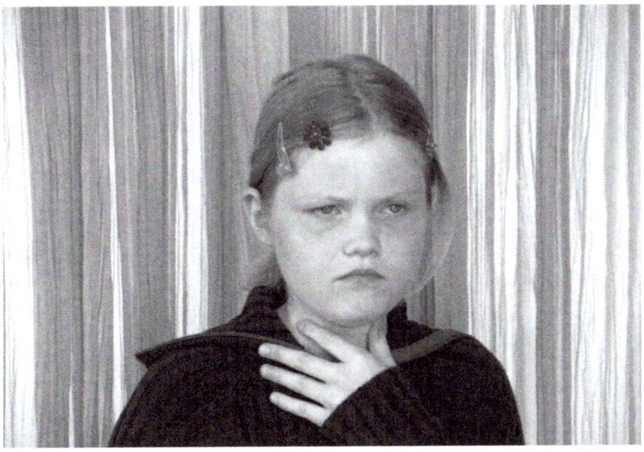

3

4

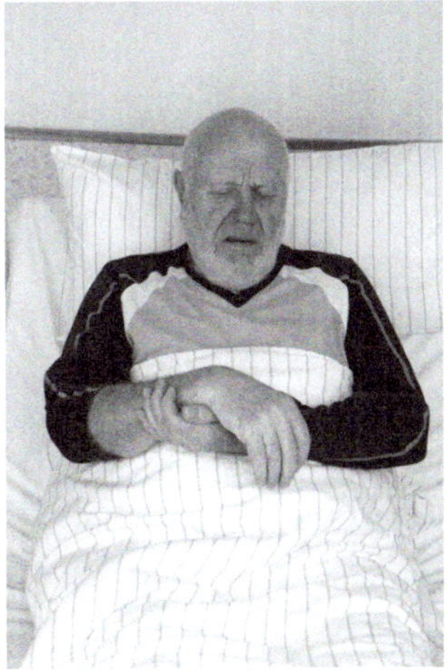

5

6

5b Sprechen Sie.

Sie hat Kopfschmerzen.

6 Finden Sie Wörter für Beschwerden. Schreiben Sie in Ihr Vokabelheft.

der ~~Oberschenkel~~ • der Kopf • der Hals der Unterschenkel • der Unterarm • der Oberarm ~~das Auge~~ • der Hals • das Mittelohr • ~~der Bauch~~	die Schmerzen die Fraktur die Entzündung

die Oberschenkelfraktur, die Augenentzündung, die Bauchschmerzen, ...

1.44

7a Hören Sie: Welche Beschwerden hat Herr Evertz?

7b Lesen Sie mit verteilten Rollen.

Sr. Svetlana: Guten Morgen, Herr Evertz. Wie geht es Ihnen?
Hr. Evertz: Heute geht es mir nicht so gut. Ich habe seit gestern Schmerzen im Fuß.
Sr. Svetlana: Sagen Sie das bitte dem Doktor, er kommt gleich zur Visite.
Herr Evertz: Gut, das mache ich.
Sr. Svetlana: Ich helfe Ihnen jetzt beim Waschen im Bett. Waschen Sie sich bitte zunächst selbst. Danach wasche ich Ihnen den Rücken.
Hr. Evertz: Ich bin jetzt fertig.
Sr. Svetlana: Gut, dann legen Sie sich bitte auf die Seite, ich wasche Ihnen jetzt den Rücken. – Brauchen Sie sonst noch Hilfe?
Hr. Evertz: Ja, können Sie mir bitte die Beine waschen?
Sr. Svetlana: Ja, das mache ich gern. Dann ziehe ich Ihnen jetzt die Antithrombosestrümpfe aus.
Hr. Evertz: Bitte vorsichtig, der Fuß tut weh.
Sr. Svetlana: Ja, ich bin ganz vorsichtig. Geht es so?
Hr. Evertz: Ja, so geht es.

1.45

8a Hören Sie: Wo tut der Fuß weh und seit wann?

8b Lesen Sie und notieren Sie.

Dr. Stahl: Guten Morgen, Herr Evertz.
Hr. Evertz: Guten Morgen, Herr Doktor. Mir tut der Fuß so weh.
Dr. Stahl: Ja, das hat Schwester Svetlana mir schon berichtet. Welcher Fuß ist es denn?
Hr. Evertz: Der rechte.
Dr. Stahl: Wo tut es denn weh?
Hr. Evertz: An der Ferse.
Dr. Stahl: Seit wann tut es Ihnen weh?
Hr. Evertz: Seit gestern nach dem Abendessen.
Dr. Stahl: Also seit gestern. Wie ist der Schmerz denn? Ist er ziehend oder stechend oder drückend?
Hr. Evertz: Hm, das ist schwierig zu beschreiben, eher drückend.
Dr. Stahl: Strahlen die Schmerzen aus?
Hr. Evertz: Nein.
Dr. Stahl: So, dann sehe ich mir Ihren Fuß mal an.

Schmerzen erfragen	*Schmerzen beschreiben*
Wo tut es denn weh?	*Hier an der Ferse.* *Der Schmerz ist drückend.* *Der Schmerz strahlt nicht aus.*

9a Hören Sie und nummerieren Sie in der richtigen Reihenfolge. 1.46

2 Wo genau haben Sie die Schmerzen?
__ Seit wann haben Sie die Schmerzen?
1 Herr Doktor, ich habe Schmerzen in der Brust.
__ Werden die Schmerzen stärker, wenn Sie tief einatmen?
__ Sind die Schmerzen nur in der Brust oder strahlen die Schmerzen irgendwohin aus?
__ Hier, in der Brust.
__ Dann schreiben wir Ihnen sofort ein EKG
__ Seit ungefähr einer Stunde.
__ Ja, hier im linken Arm tut es weh und hier oben im Bauch habe ich auch Schmerzen.
__ Nein, ich glaube nicht.

9b Schreiben Sie den Dialog und ergänzen Sie A für Arzt und P für Patient.

P: Herr Doktor, ich habe Schmerzen in der Brust.

A: Wo genau haben Sie die Schmerzen?

...

9c Hören Sie zur Kontrolle noch einmal und sprechen Sie mit verteilten Rollen. 1.46

1.47

10 Hören Sie: Was sagt …

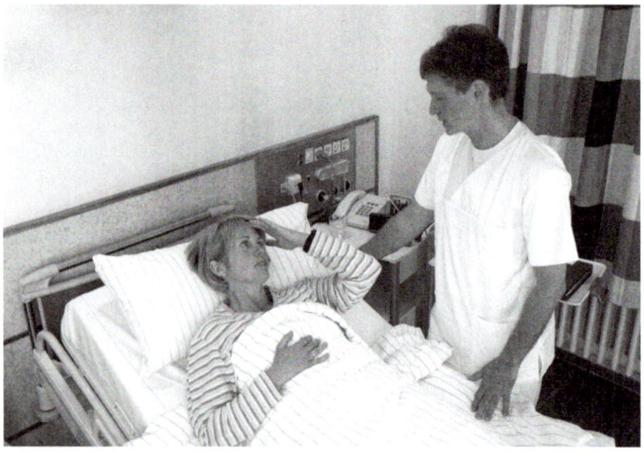

… die Patientin?

… die Ärztin?

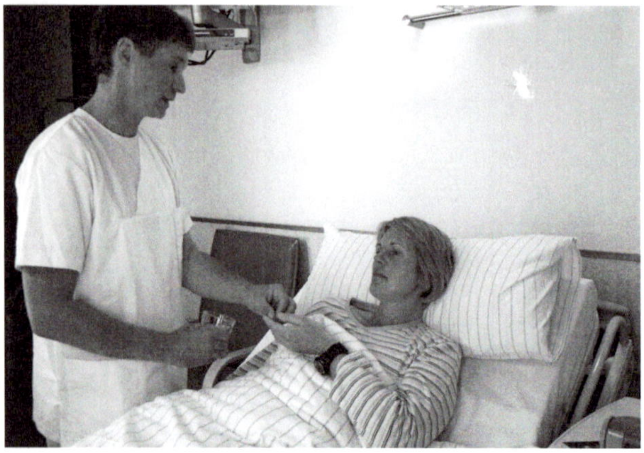

… der Pfleger?

11 Was passt?

1. Ich gebe Ihnen eine Kopfschmerztablette,
2. Ich operiere Ihren Arm,
3. Sie bekommen Pneumonieprophylaxe,
4. Ich gebe Ihnen eine Schlaftablette,
5. Sie müssen bitte Antithrombosestrümpfe anziehen,

A damit Sie schlafen können.
B damit die Kopfschmerzen weggehen.
C damit der Arm heilt.
D damit Sie keine Thrombose bekommen.
E damit Sie keine Lungenentzündung bekommen.

1. B,

12 Spielen Sie.

Patient	Anordnung des Arztes	Pflegepersonal: Information
Ich habe Kopfschmerzen.	Geben Sie ihr bitte eine Kopfschmerztablette.	Frau Krüger hat Kopfschmerzen. – Ich gebe Ihnen eine Kopfschmerztablette, damit die Kopfschmerzen weggehen.

Patient
Sie können nicht schlafen.

Krankenschwester
Informieren Sie den Arzt.
Informieren Sie den Patienten.

Arzt
Ordnen Sie eine Tablette an.

Arzt
Fragen Sie den Patienten nach seinen Beschwerden.

Patient
Sie haben seit 2 Tagen Bauchschmerzen.

Krankenpfleger
Geben Sie dem Patienten eine Tablette.

Patient
Fragen Sie, warum Sie eine Tablette bekommen.

Aussprache

13 Körperteile: Hören Sie und sprechen Sie nach.

1.48

der Arm – die Arme, die Hand – die Hände, der Finger – die Finger
das Bein – die Beine, der Fuß – die Füße, der Zeh – die Zehen
das Auge – die Augen, das Ohr – die Ohren, der Zahn – die Zähne

14 Schwierige Wörter aussprechen: Beschwerden

1.49

Halsschmerzen	starke Halsschmerzen	Der Patient hat starke Halsschmerzen.
Kopfschmerztablette	eine Kopfschmerztablette	Ich gebe Ihnen eine Kopfschmerztablette.
Unterarmfraktur	eine Unterarmfraktur	Sie haben eine Unterarmfraktur.
gebrochen	ist gebrochen	Ihr Oberschenkel ist gebrochen.
Lungenentzündung	eine Lungenentzündung	Sie haben eine Lungenentzündung.

15 Schreiben Sie weitere schwierige Wörter und Sätze. Üben Sie im Kurs.

Thromboseprophylaxe *bekommt Thromboseprophylaxe*

Herr Evertz bekommt Thromboseprophylaxe.

Grammatik

Possessivartikel

ich	mein	wir	unser
du	dein	ihr	euer
Sie	Ihr	Sie	Ihr
er/es	sein	sie	ihr
sie	ihr		

Das ist Anna.
Ihr Fuß tut weh.

sie → ihr ← der Fuß

Und das ist Herr Evertz.
Seine Hand tut weh.

er → seine ← die Hand

Singular	der	das	die
Nominativ	ihr Fuß	ihr Bein	ihr**e** Hand
Akkusativ	ihr**en** Fuß	ihr Bein	ihr**e** Hand
Dativ	ihr**em** Fuß	ihr**em** Bein	ihr**er** Hand
Plural			
Nominativ	ihr**e** Füße/Beine/Hände		
Akkusativ	ihr**e** Füße/Beine/Hände		
Dativ	ihr**en** Füße**n**/Beine**n**/Hände**n**		

TIPP **Possessivartikel haben dieselben Endungen wie „ein" und „kein".**

16 Ergänzen Sie die Possessivartikel in der richtigen Form.

1. Ich operiere __________ Arm.
2. Schick bitte Herrn Müller zum Röntgen. __________ Rücken tut weh.
3. Heben Sie bitte __________ rechte Schulter hoch.
4. Wie geht es __________ Fuß?

17 Sie berichten einer Ärztin über Patienten. Benutzen Sie Possessivartikel.

Frau Bayer hat Kopfschmerzen. Und __________ Rückenschmerzen sind schlimmer geworden. Aber sie wollte __________ Tablette nicht nehmen. Und Herr Ludwig macht mir auch Sorgen. ...

Verben mit Dativ und Akkusativ

Manche Verben brauchen Ergänzungen im Dativ **und** im Akkusativ.

Ich	gebe	Ihnen	eine Kopfschmerztablette.
Subjekt	Verb	Dativergänzung	Akkusativergänzung

18 Bilden Sie Sätze.

Ich	gebe zeige wasche sage ziehe erkläre wechsle bringe	Ihnen dir	den Rücken. die Antithrombosestrümpfe an. einen Tee. die Atemgymnastik. eine Schlaftablette. den Verband. den Weg zum Röntgen. das Untersuchungsergebnis.

Ich gebe Ihnen …

Nebensatz mit „damit"

Ich ziehe Ihnen Antithrombosestrümpfe an, damit Sie keine Thrombose bekommen.

Nebensätze mit „damit" geben an, **warum** man etwas macht (Zweck/Ziel).
In Nebensätzen steht das Verb immer am Ende.

19 Schreiben Sie Sätze.

1. Ich operiere Ihren Bauch, (weggehen – damit – die Beschwerden).
2. Sie müssen die Antithrombosestrümpfe anlassen, (Sie – keine – bekommen – damit –Thrombose).
3. Ich gebe Ihnen eine Schmerztablette, (es – wehtut – damit – nicht mehr – so).
4. Sie müssen die Atemgymnastik machen, (damit – keine – Sie – bekommen – Lungenentzündung).

1. Ich operiere Ihren Bauch, damit …

Das Frühstück

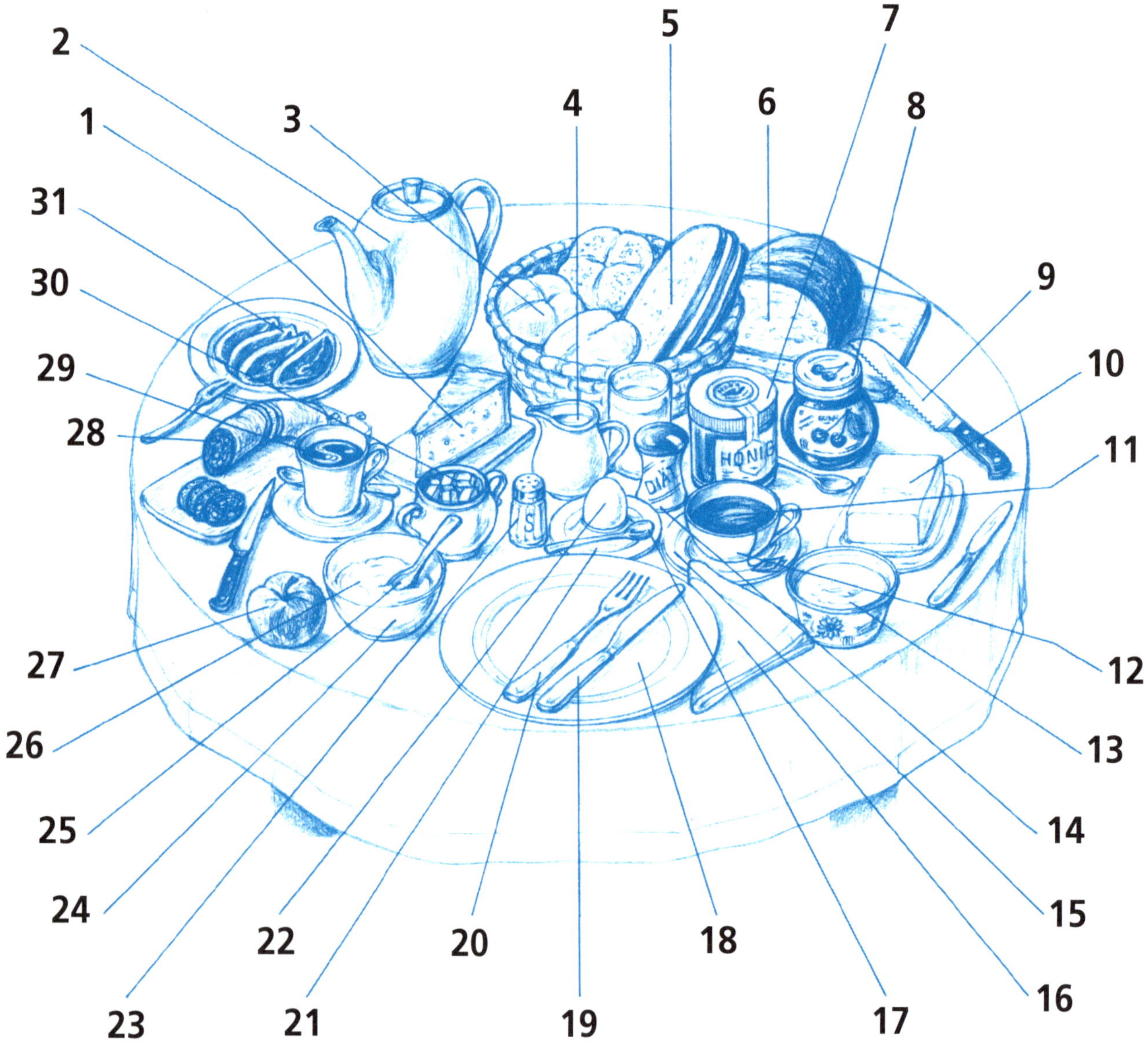

1 Schreiben Sie mit Übersetzung in Ihr Vokabelheft. Suchen Sie unbekannte Wörter im Wörterbuch.

1 der Käse =

Essen reichen

1.50

2a Hören Sie: Was passt?

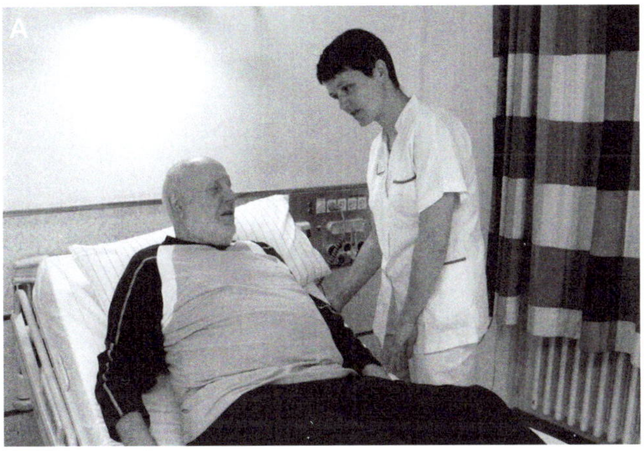

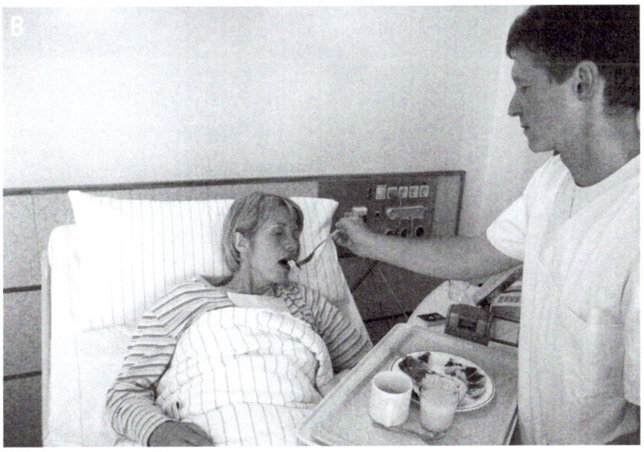

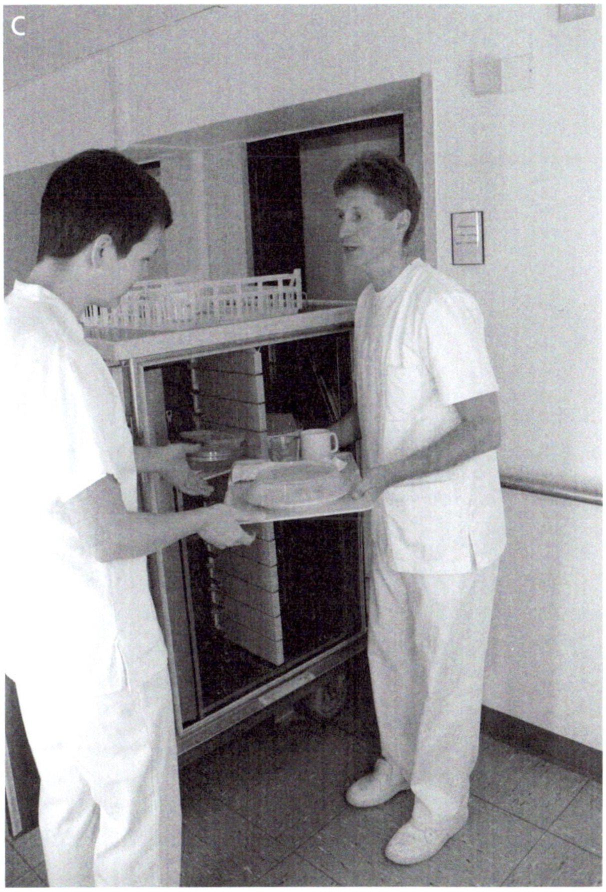

Situation	1	2	3
Foto			

1.50

2b Hören Sie noch einmal: richtig oder falsch? Kreuzen Sie an.

	R	F
1. Frau Sarlimaz muss nüchtern bleiben.	☐	☐
2. Frau Sarlimaz soll sich an den Tisch setzen.	☐	☐
3. Herr Evertz darf aufstehen.	☐	☐
4. Herr Evertz möchte einen schwarzen Tee trinken.	☐	☐
5. Frau Krüger kann allein essen.	☐	☐
6. Frau Krüger möchte Käse (auf ihr Brot).	☐	☐
7. Pfleger Achim reicht Frau Krüger das Frühstück.	☐	☐

3 **Spielen Sie. Die Tabelle hilft Ihnen. Fragen Sie nach, wenn Sie etwas nicht verstehen.**

Pflegepersonal	Pflegepersonal	Patienten
Herr/Frau … muss nüchtern bleiben. … kann nicht allein essen. Reich ihm/ihr bitte das Essen / Hilf ihm/ihr bitte. … soll am Tisch essen.	Sie dürfen nicht essen. Sie müssen heute nüchtern bleiben. Was möchten Sie trinken/essen? Was soll ich auf Ihr Brot tun? Möchten Sie Milch und Zucker? Vorsicht, der Kaffee/Tee/… ist noch heiß. Ich stelle Ihnen das Kopfteil hoch. Sitzen Sie gut so? Setzen Sie sich bitte an den Tisch.	Ich hätte gern schwarzen Tee / Pfefferminztee / Hagebuttentee / Kaffee / … Kann ich bitte noch Marmelade/Honig/… haben? Butter und Marmelade, bitte.

Krankenpfleger
Bringen Sie dem Patienten das Essen. Bieten Sie Hilfe an. Fragen Sie nach dem Getränk.

Patient
Sie sitzen nicht gut.

Krankenschwester
Am Essenswagen
Informieren Sie die Kollegin: Frau Maurer soll am Tisch essen.

Krankenschwester
Bringen Sie Frau Maurer das Essen.

Frau Maurer
Die Krankenschwester bringt Ihnen das Essen. Bitten Sie um mehr Marmelade.

Das Arztgespräch

1.53

4a **Hören Sie: Was möchte Herr Evertz wissen? Was für Sorgen macht er sich?**

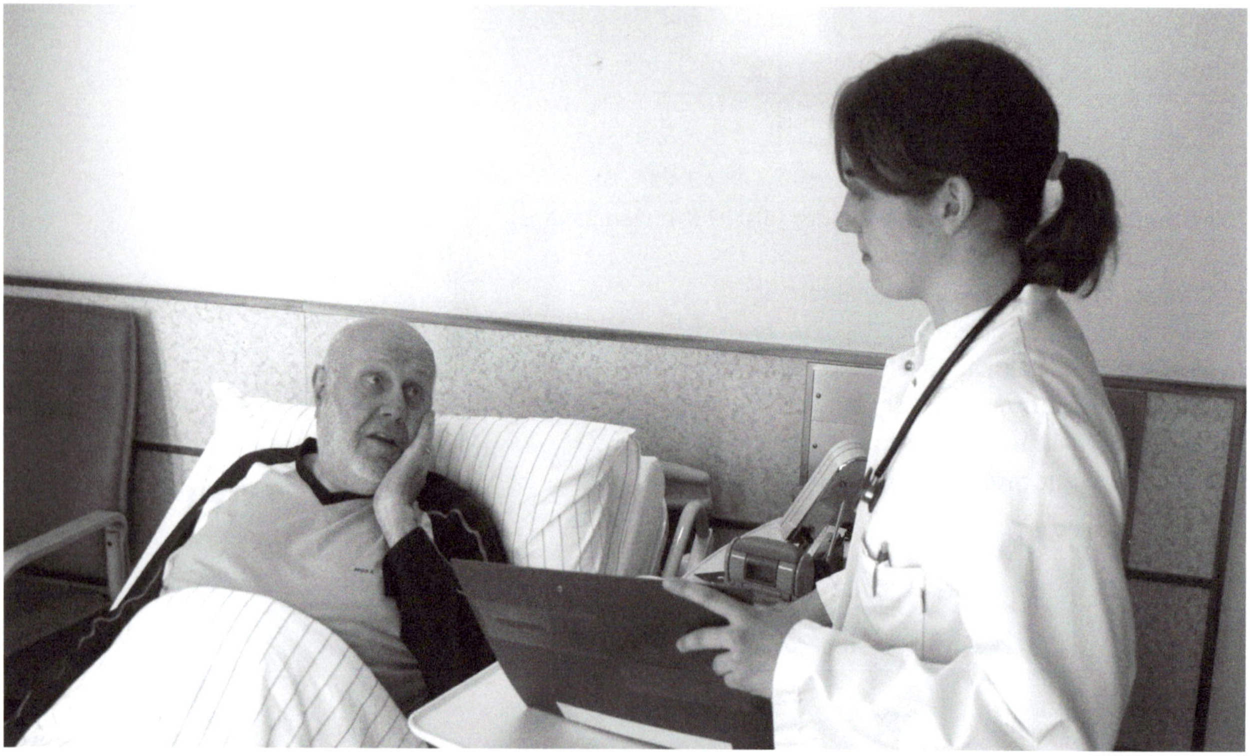

4b Lesen Sie. Welche Maßnahmen plant Dr. Kazanski? Notieren Sie im Vokabelheft.

auf Insulin einstellen, eine Diabetesdiät, ...

Dr. Kazanski: Herr Evertz, Ihre Blutzuckerwerte sind ziemlich hoch. Sie haben Diabetes.
Hr. Evertz: Was heißt das?
Dr. Kazanski: Sie sind zuckerkrank. Wir stellen Sie auf Insulin ein und Sie müssen eine Diabetesdiät einhalten.
Hr. Evertz: Darf ich jetzt nichts Leckeres mehr essen? Ich esse doch so gern. Das ist das Einzige, was mir geblieben ist, seit mein Hund gestorben ist.
Dr. Kazanski: Doch, Sie können auch weiter gut essen. Wir machen für Sie einen Termin in der Ernährungsberatung, dann wird die Ernährungsberaterin Ihnen das genau erklären.
Hr. Evertz: Kann ich das denn in meinem Alter noch lernen?
Dr. Kazanski: Ja, natürlich. Ich verstehe, dass Sie sich Sorgen machen. Aber Sie bekommen auch eine Patientenschulung, da werden Sie alles lernen. Bevor Sie nach Hause gehen, können Sie das. Machen Sie sich keine Sorgen.

4c Spielen Sie. Erklären Sie als Ärztin der Tochter von Herrn Evertz das Problem.

TIPP

So können Sie Patienten und Angehörige beruhigen:
Ich verstehe, dass Sie sich Sorgen machen.
Sie lernen das. / Ihr Vater / Ihre ... lernt das.
Ich erkläre Ihnen das.
Wir helfen Ihnen.
Machen Sie sich keine Sorgen.

Kostformen und Diäten

5a Was passt?

1. Herr Klein darf noch kein Fett essen.
2. Frau Sarlimaz hat starkes Untergewicht.
3. Ihr Darm funktioniert wieder. Sie dürfen wieder alles essen.
4. Herr Göllner hat Übergewicht, er muss abnehmen.
5. Sie haben hohe Blutzuckerwerte.
6. Frau Möller hat keine Zähne, sie kann nicht kauen.

A Sie bekommen Insulin und eine Diabetesdiät.
B Er bekommt Reduktionskost.
C Sie bekommt pürierte Kost.
D Sie bekommt hochkalorische Kost.
E Er bekommt weiter Aufbaukost.
F Sie bekommen Vollkost.

1. E, ______________________________

5b Wie heißen die Kostformen? Notieren Sie in Ihrem Vokabelheft.

die Diabetesdiät, …

1.54

6 Hören Sie: Welche Kostform bekommen die Patienten?

Herr Evertz: ______________________ Frau Błaszkowska: ______________________

Herr Sanchez: ______________________ Frau Walter: ______________________

7 Spielen Sie Gespräche zwischen Arzt und Patient und Arzt und Angehörigen. Die Tabelle hilft Ihnen.

Arzt/Ärztin	Patient/Angehörige
Ihre Blutzuckerwerte / Die Blutzuckerwerte Ihres Vaters sind hoch.	Was heißt das?
Wir stellen Sie/ihn auf Insulin ein.	Kann ich das in meinem Alter noch lernen?
Sie bekommen hochkalorische Kost, weil Sie Untergewicht haben und zunehmen müssen.	
Sie haben Übergewicht. Sie bekommen Reduktionskost, damit Sie abnehmen.	Was soll ich denn tun?
Wir machen einen Termin in der Ernährungsberatung.	Ich esse doch so gerne. Darf ich jetzt nichts Leckeres mehr essen?
Sie bekommen / Er bekommt eine Patientenschulung.	

Der Patient hat Untergewicht.	Die Patientin bekommt Aufbaukost, sie darf noch kein Fett essen.
Die Patientin hat Übergewicht.	Der Patient hat Diabetes mellitus. (Insulin, Ernährungsberatung, Patientenschulung)
Der Patient isst kein Fleisch.	Der Patient darf alles essen.

Terminvereinbarung

8a Hören Sie: Was soll Schwester Susanne tun? 1.55

8b Hören Sie: Wann ist der Termin für Herrn Evertz? 1.56

9 Spielen Sie. Die Tabellen helfen Ihnen.

Anordnung Arzt/Ärztin
Melden Sie bitte Herrn … bei der Ernährungsberatung/Patientenschulung an. Machen Sie bitte einen Termin für Frau … bei der Ernährungsberatung.

Pflegepersonal	Ernährungsberaterin
Station 13, Schwester Susanne, guten Tag. Ich hätte gerne / Ich brauche bitte einen Termin für eine Ernährungsberatung / … Am Mittwoch, den 12., um 10 Uhr. Gut. Herr … Vielen Dank und auf Wiederhören!	Ernährungsberatung, Flaß. Guten Tag, … Da habe ich am Mittwoch, den 12., einen Termin um 10 Uhr. Wie heißt der Patient? Auf Wiederhören!

Arzt Ordnen Sie für Frau Krüger eine Ernährungsberatung an.	**Krankenpfleger** Fragen Sie, welche Diät Frau Krüger bekommen soll.
Krankenpfleger Telefonieren Sie: Machen Sie einen Termin für Frau Krüger für eine Ernährungsberatung.	**Ernährungsberaterin** Telefonieren Sie.

Terminvereinbarung
Wiederholen Sie immer den Termin. So gibt es keine Missverständnisse.

Essensbestellung am Computer

10a Kennen Sie diese Wörter? Überlegen Sie im Kurs.

der Computer • der Bildschirm • die Maus • anklicken • eintragen • abschicken

10b Welche Wörter sind am Computer noch wichtig?

1.57

11a Hören Sie. Orientieren Sie sich im Menü „Essensbestellung".

Essensbestellung

Tal-Klinik

Essensbestellung

◀ Mittwoch, 3.12. ▶

Name:	Vorname:	Station:	Zimmer:	Vollkost	leichte Vollkost	Diabetes	vegetarisch	schweine-fleischfrei	Aufbaukost	Andere
Erdogan	Aysel	13	122	○	○	○	○	◉	○	○
Frei	Heinz	13	122	○	○	○	○	○	○	○
Schmitt	Else	13	123	○	○	○	○	○	○	○
Meier	Helga	13	123	○	○	○	○	○	○	○
Klein	Dirk	13	121	○	○	○	○	○	○	○
List	Ulla	13	129	○	○	○	○	○	○	○
				○	○	○	○	○	○	○

Belegung | Wochenbestellung | an Küche abschicken

Datensatz 1 von 6

11b Lesen Sie. Kreuzen Sie die weiteren Kostformen im Formular an.

Sr. Susanne: Ich zeige dir jetzt die Essensbestellung. Hier auf dem Bildschirm siehst du links die Namen der Patienten und rechts die Kostformen.
Jetzt bestellen wir das Essen für Frau Erdogan, du gehst mit der Maus in die Zeile mit ihrem Namen und klickst rechts die Kost an. Für Frau Erdogan ist das die schweinefleischfreie Kost, denn sie ist Muslimin und isst kein Schweinefleisch. Herr Frei bekommt Vollkost, er darf alles essen. Frau Schmitt bekommt leichte Vollkost, da sie Magenprobleme hat.
Frau Meier bekommt Diabetesdiät.
Herr Klein bekommt Aufbaukost.
Frau List isst kein Fleisch, deshalb bekommt sie vegetarische Kost.
Jetzt kannst du die Bestellung abschicken. Sie geht an die Küche und später kommt die Verpflegungsassistentin. Sie fragt die Patienten nach ihren genauen Wünschen.

11c Ergänzen Sie die neuen Kostformen in Ihrem Vokabelheft.

die schweinefleischfreie Kost, ...

Wiederholungsspiel Kapitel 4 und 5. Spielen Sie. Bei richtiger Antwort gehen Sie einen Schritt vor, bei falscher Antwort einen Schritt zurück.

START 	Gehen Sie zum nächsten Obstfeld.	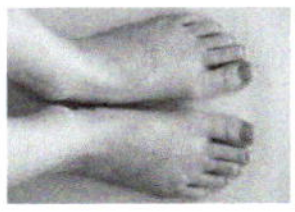 1 Fuß – 2 ______________	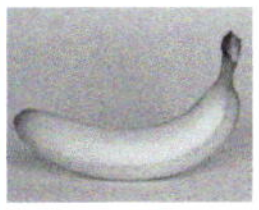 ________ ______________
Fragen Sie den Patienten nach seinen Beschwerden.	Was ist das Gegenteil von *abnehmen*?	Sie dürfen heute nichts essen, Sie müssen ________ bleiben.	Gehen Sie zum nächsten Getränk.
 ______ schwarze Tee	Gehen Sie zum nächsten Obstfeld.	Herr Özlem ist Moslem, er bekommt ____________ Kost.	 ________ ______________
Ich gebe Ihnen eine _________tablette, damit Sie schlafen können.	Herr Meder darf noch kein Fett essen. Er bekommt ____________kost.	Nennen Sie 5 Körperteile.	Sie sind Arzt: Ordnen Sie eine Schmerztablette für Frau Meier an.
1 Arm – 2 __________	Nennen Sie 3 Kostformen.	Sie sollen Antithrombosestrümpfe anziehen, damit …	Informieren Sie den Patienten, dass Sie ihn untersuchen.
Gehen Sie zum nächsten Getränk.	Ihm tut das Ohr weh. Er hat ______________	 ___ Orangen______	Sie haben hohe Blutzuckerwerte: Sie haben __________ .
Frau Karle isst kein Fleisch. Sie bekommt ____________ Kost.	Bei welcher Erkrankung gibt man Insulin?	Sie haben Untergewicht, Sie bekommen ____________kost.	Gehen Sie zum nächsten Nahrungsmittel.
ZIEL	Sie haben Übergewicht, Sie sollten ___nehmen.	Ich gebe Ihnen eine Kopfschmerztablette, damit …	 ________ ______________

Grammatik

Modalverben und Satzklammer

Aussagesatz		Position 2		Ende	
	Frau Sarlimaz	muss	nüchtern	bleiben.	
	Sie	darf	nichts	essen.	
	Frau Krüger	kann	nicht allein	essen.	

W-Frage		Position 2		Ende	
	Was	möchten	Sie	trinken?	– Tee, bitte.

Ja-Nein-Frage	Position 1		Ende	
	Soll	ich Ihnen das Kopfteil	hochstellen?	– Ja, bitte.

Modalverben: Bedeutung

müssen	Frau Sarlimaz **muss** nüchtern bleiben.	Notwendigkeit
sollen	Sie **soll** sich an den Tisch setzen.	Auftrag
	Die Ärztin sagt, Sie **sollen** viel trinken.	Rat
	Soll ich Ihnen das Kopfteil hochstellen?	Angebot*
wollen	Ich **will** bald nach Hause gehen.	Wille/Absicht
können	**Kann** ich das in meinem Alter noch lernen?	Fähigkeit
	Kann ich bitte noch eine Marmelade haben?	Möglichkeit
dürfen	Sie **dürfen** wieder alles essen.	Erlaubnis
	Herr Klein **darf** noch **kein** Fett essen.	Verbot
„möcht-“	Herr Evertz **möchte** einen schwarzen Tee trinken.	Wunsch

* nur in der Ja-Nein-Frage

12 Was passt? Markieren Sie.

1. Frau Sarlimaz (soll/muss/will) nüchtern bleiben.
2. Herr Klein (will/muss/darf) noch kein Fett essen.
3. Was (soll/möchte/muss) ich auf Ihr Brot tun?
4. Frau Krüger (muss/kann/möchte) Käse auf ihrem Brot haben.
5. (Willst/kannst/musst) Du mir helfen?

Modalverben: Formen

	müssen	sollen	wollen	können	dürfen	„möcht-"
ich	*muss*	soll	*will*	*kann*	*darf*	möcht**e**
du	*mus**st***	soll**st**	*wil**lst***	*kann**st***	*darf**st***	möcht**est**
Sie	müss**en**	soll**en**	woll**en**	könn**en**	dürf**en**	möcht**en**
er/es/sie	*muss*	soll	*will*	*kann*	*darf*	möcht**e**
wir	müss**en**	soll**en**	woll**en**	könn**en**	dürf**en**	möcht**en**
ihr	müss**t**	soll**t**	woll**t**	könn**t**	dürf**t**	möcht**et**
Sie	müss**en**	soll**en**	woll**en**	könn**en**	dürf**en**	möcht**en**
sie	müss**en**	soll**en**	woll**en**	könn**en**	dürf**en**	möcht**en**

Markieren Sie: Welche Formen sind immer gleich?

TIPP

Achten Sie bei *müssen*, *wollen*, *können* und *dürfen* auf den Vokalwechsel.

13 Bauen Sie Sätze mit Modalverben.

Frau Krüger	kann	Pfleger Tobias	untersuchen.
Frau Sarlimaz	will	Käse	bleiben.
Svetlana	darf	nüchtern	sitzen.
Dr. Kazanski	möchte	wieder alles	haben.
Frau Petersen	soll	die Patientin	helfen.
Herr Klein	muss	am Tisch	essen.

Frau Krüger ...

Negation mit „nicht" oder „kein"

Sie dürfen **nicht** aufstehen. — **Verb + nicht**

Herr Klein darf **kein** Fett essen. — **kein + Nomen**

14 Wer darf/will/muss was in der Klinik nicht ...? Schreiben Sie Sätze mit Modalverben und Negation.

Herr Müller darf noch nicht aufstehen. Dr. Kazanski ...

Messen

1 Notieren Sie die Zahlen. Schreiben Sie weiter.

10 *zehn*, 20 *zwanzig*, 30 ____________, 40 ____________, …
100 *(ein-)hundert*, 101 *(ein-)hunderteins*, 102 ____________________, …
200 *zweihundert*, 300 ____________________, …
1000 *(ein-)tausend*, 2000 *zweitausend*, 3000 ____________________, …
429 *vierhundertneunundzwanzig*, 430 ____________________, …
3459 ________________________________, 3460 ________________________________, …

50 fünfzig, …

2a Welche Sätze passen zu welchem Foto? Schreiben Sie.

Ich fühle Ihnen den Puls. – Ihr Puls ist vierundachtzig.
Ich messe Ihnen den Blutdruck. – Ihr Blutdruck ist hundertzwanzig zu fünfundachtzig.
Ich messen Ihnen im Ohr Temperatur. – Sie haben siebenunddreißig neun Temperatur.

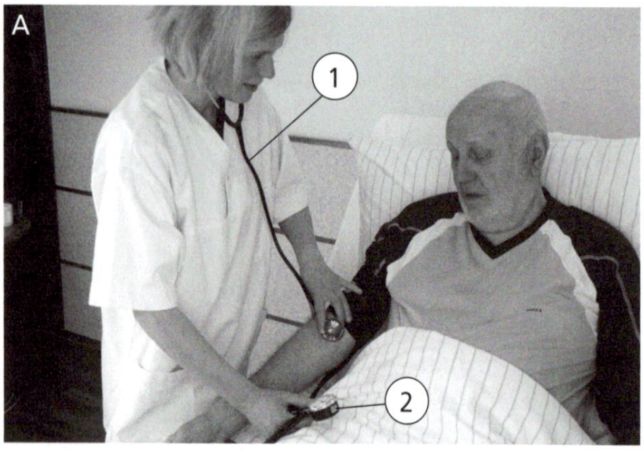

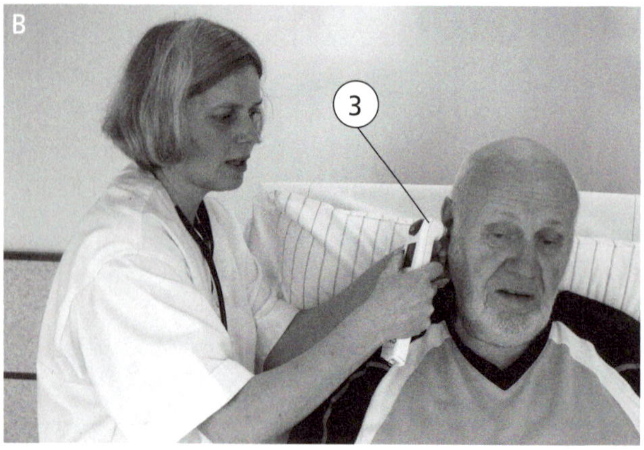

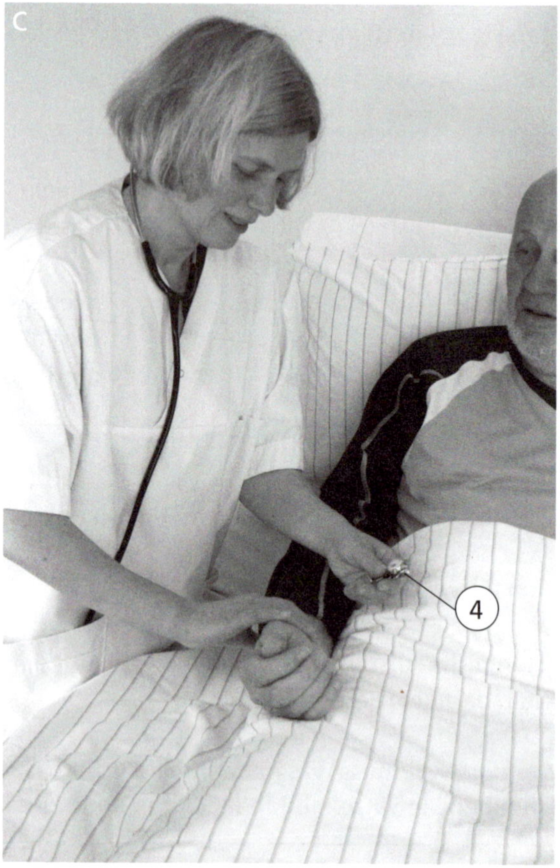

A:

B:

C:

2b Wie heißen die Messgeräte?

das Stethoskop (-e) • das Ohrthermometer (-) • das Blutdruckgerät (-e) • die Pulsuhr (-en)

1 das Stethoskop (-e)

3 Wie liest man die Werte? Aufgabe 2a hilft Ihnen.

Blutdruck: 110/80 ______________________

Puls: 72 ______________________

Temperatur: 38^9 ______________________

TIPP

Blutdruckwerte sprechen

Den Blutdruck liest man	Systole	**zu**	Diastole
Beispiel:	110	**zu**	75
	(ein)hundertzehn	**zu**	fünfundsiebzig.

4 Zu hohe/niedrige Werte. Ordnen Sie zu.

der zu hohe Blutdruck • der zu niedrige Blutzucker • die zu hohe Temperatur
der unregelmäßige Puls • der zu langsame Puls • der zu niedrige Blutdruck
der zu hohe Blutzucker • der zu schnelle Puls

die Hypertonie der zu hohe Blutdruck

die Hypotonie ______________________

das Fieber ______________________

die Hyperglykämie ______________________

die Hypoglykämie ______________________

die Tachykardie ______________________

die Bradykardie ______________________

der arrhythmische Puls ______________________

1.58

5a Hören Sie: Wie sind die Werte von Frau Herrmann?

5b Lesen Sie zur Kontrolle.

Pfl. Achim: Frau Herrmann, ich messe Ihnen jetzt im Ohr Temperatur.
Fr. Herrmann: Habe ich noch Fieber? Mir ist so warm.
Pfl. Achim: Ich sage es Ihnen sofort. Nein, Sie haben 36^{8}, das ist gut.
Fr. Herrmann: Können Sie mir meinen Trinkbecher geben?
Pfl. Achim: Ich gebe ihn Ihnen nach dem Messen. So, jetzt fühle ich Ihnen noch den Puls. – Der ist 72. Dann messe ich Ihnen auch den Blutdruck. – Der ist 190 zu 110. Das ist etwas zu hoch. Ich frage gleich die Ärztin, was ich Ihnen geben kann. Wie fühlen Sie sich denn?
Fr. Herrmann: Es geht so, mir ist etwas schwindelig.
Pfl. Achim: Ich werde Frau Dr. Kazanski informieren. – Hatten Sie heute schon Verdauung?
Fr. Herrmann: Nein, ich war heute noch nicht auf der Toilette. Wie war denn mein Blutzucker heute Morgen?
Pfl. Achim: Ihr Blutzucker war 100, das ist in Ordnung.
Fr. Herrmann: Ach, wenigstens der ist gut.

6 Geben Sie die Informationen aus Aufgabe 5 an die Ärztin weiter.

Krankenpfleger	Ärztin
Frau Herrmann hat einen Blutdruck von 190/110. Ihr Puls ... Ihre Temperatur ... Ihr Blutzucker ... Ihr ist schwindelig ...	Wie fühlt sie sich? Wie sind die anderen Werte? Geben Sie ihr eine Bayotensin[R] und kontrollieren Sie den Blutdruck in einer halben Stunde. Informieren Sie mich bitte, wenn der Blutdruck nicht runtergeht.

7 Spielen Sie zuerst die Situation Krankenschwester-Patient, danach Krankenschwester-Arzt, dann wieder Krankenschwester-Patient.

Krankenschwester Messen Sie die Vitalwerte. Blutdruck: 90/65. Fragen Sie nach dem Befinden.	**Patient** Ihnen ist schwindelig. Sie haben einen trockenen Mund und starken Durst.
Krankenschwester Informieren Sie den Arzt.	**Arzt** Fragen Sie nach den Werten und dem Befinden. Patient darf nicht allein aufstehen, soll viel trinken. Der Blutdruck soll in 2 Stunden kontrolliert werden.
Krankenschwester Informieren Sie den Patienten.	**Patient** Fragen Sie nach.

Kurvendokumentation

8a **Vergleichen Sie die Werte auf dem Zettel mit den Werten in der Kurve.**

8b **Wie sind die Abkürzungen in der Kurve für Blutdruck, Puls, Temperatur und Blutzucker?**

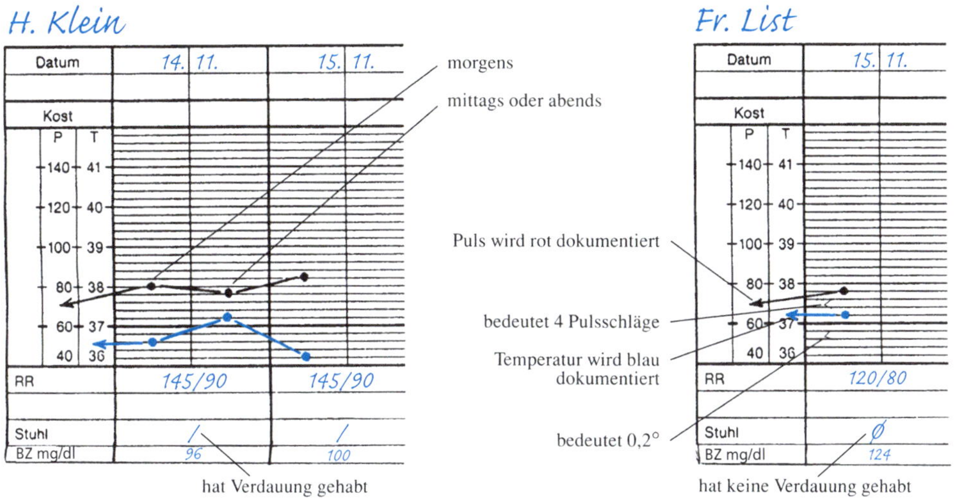

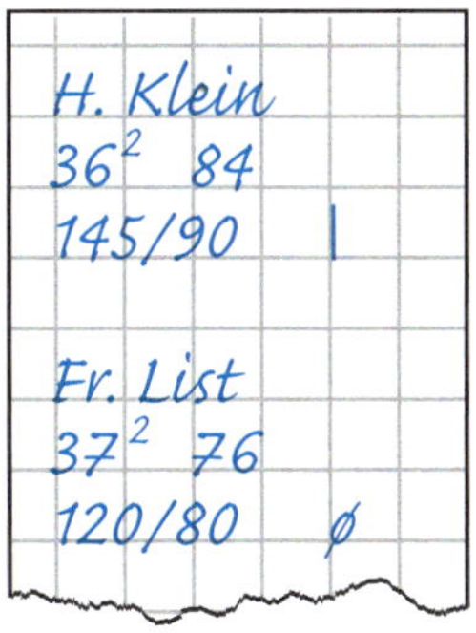

9 **Sind die Werte von Frau Herrmann richtig eingetragen? Kontrollieren Sie. Tragen Sie Blutdruck und Blutzucker aus Aufgabe 5 ein.**

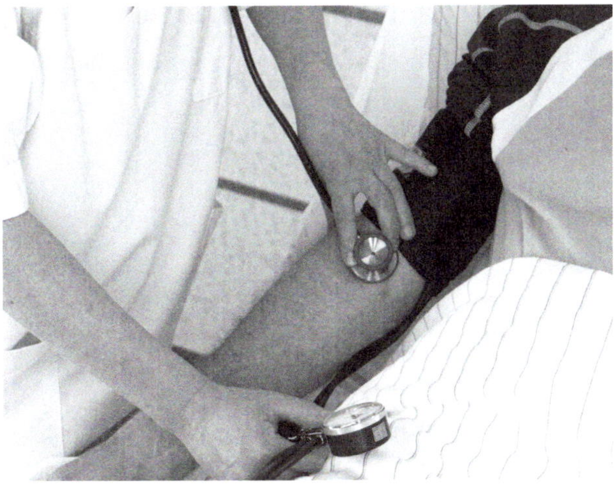

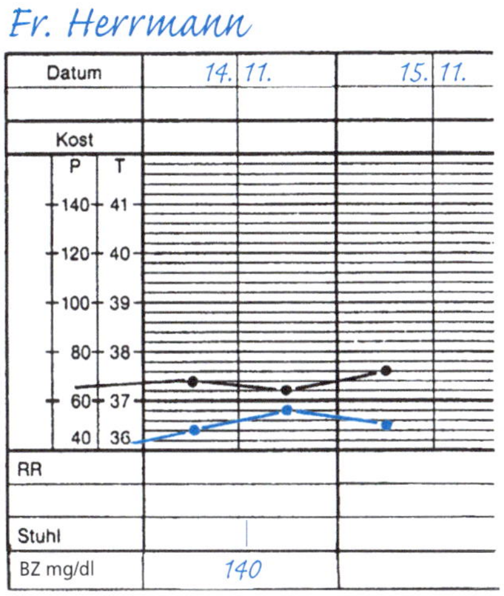

10 **In Ihrer Kurve auf Seite 60 fehlen Werte, die Ihr Partner / Ihre Partnerin auf Seite 61 hat. Zunächst fragen Sie, danach fragt der Partner / die Partnerin. Dokumentieren Sie die fehlenden Werte.**

A: Wie war der Blutdruck von Frau Köhnen am 13.11.?
B: Ihr Blutdruck war 110 zu 75.
A: Hatte sie am 13.11. Verdauung?
B: Ja.
…

A

Blatt-Nr.: ....

Name: Köhnen

Vorname: Inge

Geb.-Datum: 16.8.1932

Einweisender Arzt:

Diagnose:

Blutgruppe:

Besonderheiten/Diagnostik:

Datum	12.11.	13.11.	14.11.	15.11.	16.11.	17.11.	18.11.
Kost							
P / T							
RR	120/80		125/90		130/80		140/95
Gewicht/Größe	kg cm						
Stuhl	∅		/		/		∅
BZ mg/dl	83		104		120		116
Magensonde							
Urin/Bl.-Kath.							
Sekret/(Drain usw.)							
Ausfuhr	Bilanz	Bilanz	Bilanz	Bilanz	Bilanz	Bilanz	Bilanz
Einfuhr							

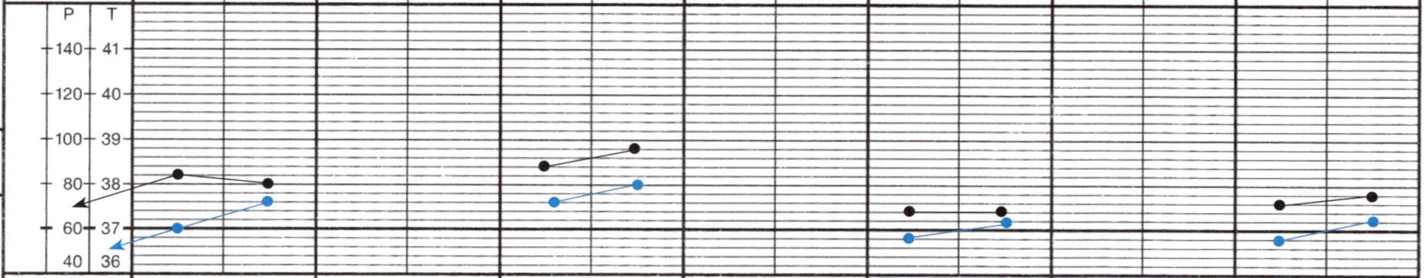

B

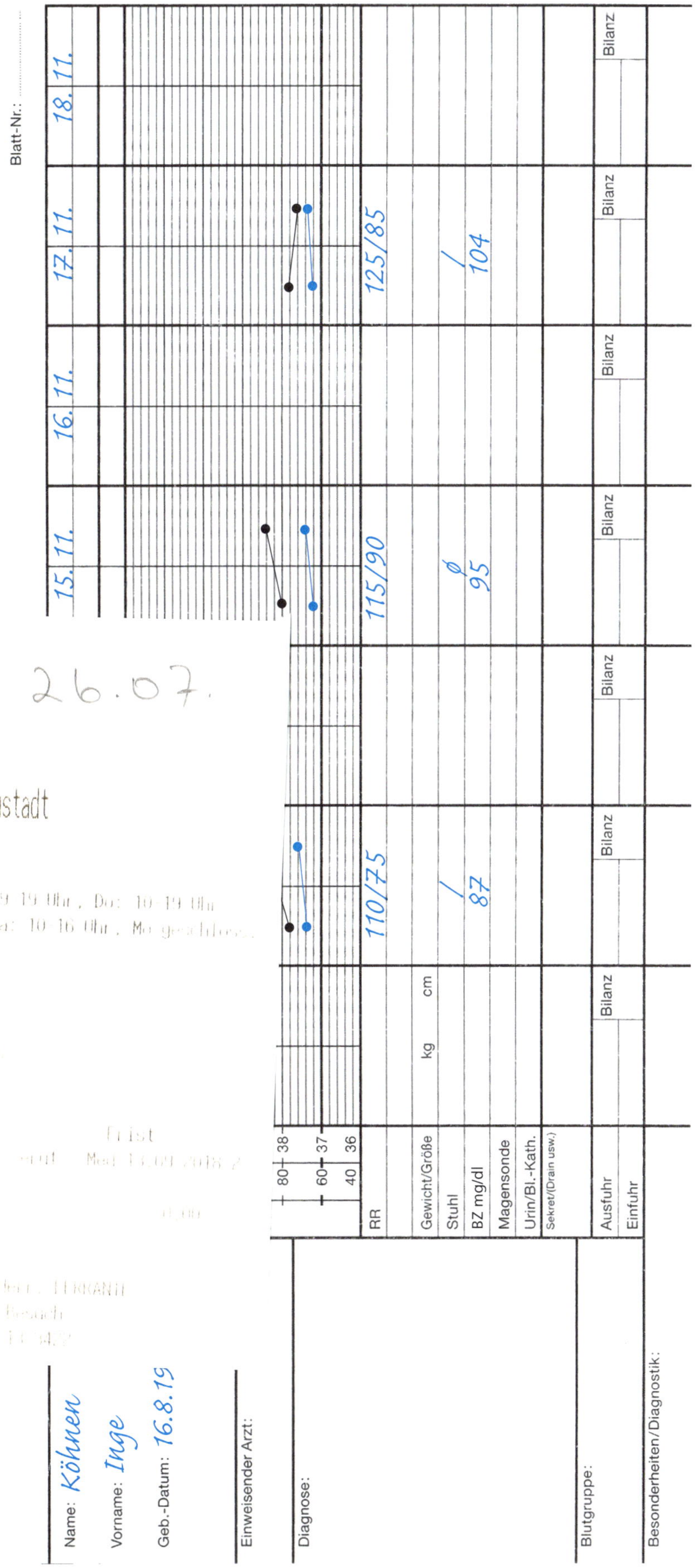
Blatt-Nr.:
Name: Köhnen
Vorname: Inge
Geb.-Datum: 16.8.19
Einweisender Arzt:
Diagnose:
Blutgruppe:
Besonderheiten/Diagnostik:
80 38
60 37
40 36
RR
Gewicht/Größe
kg
cm
Stuhl
BZ mg/dl
Magensonde
Urin/Bl.-Kath.
Sekret/(Drain usw.)
Ausfuhr
Einfuhr
Bilanz
15.11.
16.11.
17.11.
18.11.
110/75
87
115/90
95
125/85
104

Die Bauchorgane

11 Das Abdomen. Ordnen Sie die deutschen Begriffe den medizinischen Fachbegriffen zu. Sehen Sie in einem Fachwörterbuch nach.

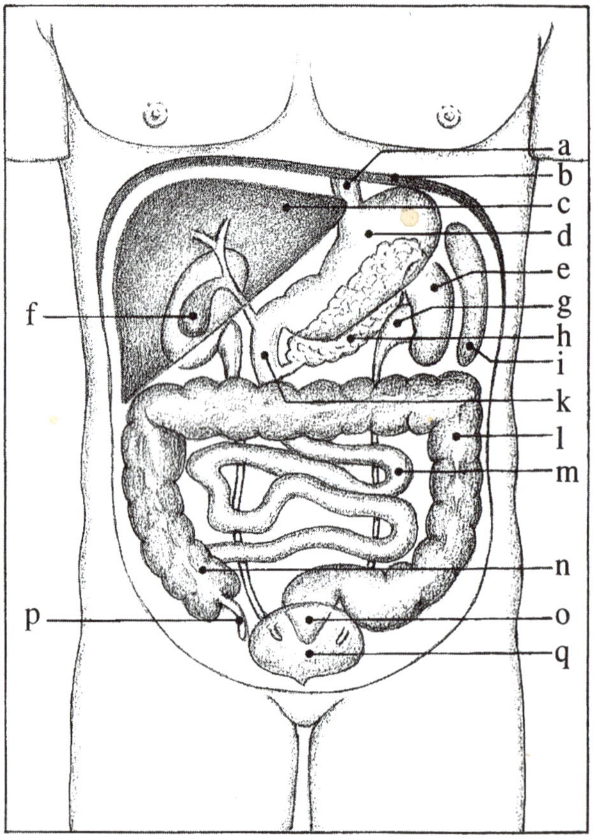

die Leber • die Bauchspeicheldrüse
die Niere • die Milz • der Dickdarm
die Speiseröhre • das Zwerchfell
der Blinddarm • der Magen
der Zwölffingerdarm • der Mastdarm
die Harnblase • die Gallenblase
der Dünndarm • das Nierenbecken
der Wurmfortsatz

	das Abdomen	der Bauch
a	der Ösophagus	
b	das Diaphragma	
c	das Hepar	
d	der Ventriculus	
e	der Ren	
f	die Vesica fellea	
g	das Pyelon	
h	das Pankreas	
i	der Splen	
k	das Duodenum	
l	das Colon	
m	das Jejunum	
n	das Caecum / Coecum	
o	das Rektum	
p	die Appendix	
q	die Vesica urinaria	

Deutsche Wörter für Fachwörter
Verwenden Sie im Gespräch mit Patienten die deutschen Wörter für Organe und Erkrankungen, damit die Patienten Sie verstehen.

12 Partnerdiktat: Diktieren Sie Werte und schreiben Sie.

Der Blutdruck ist 140 zu 80.
Der Puls ist 104.
Er hat 37^8 Temperatur.
Der Blutzucker ist 128.

RR 140/80
P 104
T 37^8
BZ 128

Aussprache

13 Werte: Hören Sie und sprechen Sie nach.

1.59

52, 64, 72, 68, 86, 84, 104, 112, 108, 96, 88, 76, 100 – Ihr Puls ist 92.

36^8, 39^4, 40^1, 36^2, 38^5, 37^9, 40^4, 37^2, 39^3, 36^9, 39^6, 39^2 – Sie haben 38^6 Temperatur.

120/80, 160/95, 140/75, 135/85, 155/100, 142/80 – Ihr Blutdruck ist 110/70.

85, 97, 102, 115, 160, 245, 300, 310, 240, 110 – Ihr Blutzucker ist 155.

14 Bauchorgane: Hören Sie und sprechen Sie nach.

1.60

die Bauchorgane, die Bauchspeicheldrüse, der Wurmfortsatz, der Dickdarm, der Dünndarm, der Zwölffingerdarm, das Zwerchfell, die Speiseröhre, die Gallenblase, der Magen, die Niere, das Nierenbecken, die Harnblase

15 Schwierige Wörter aussprechen: Essen und Messen

1.61

bleiben	nüchtern bleiben	Sie müssen heute nüchtern bleiben.
Essen reichen	Frau Krüger Essen reichen	Kannst du bitte Frau Krüger Essen reichen?
Aufbaukost	bekommen Aufbaukost	Sie bekommen Aufbaukost.
zu hoch	sind zu hoch	Ihre Blutzuckerwerte sind zu hoch.
Blutdruck	hohen Blutdruck	Frau Herrmann hat hohen Blutdruck.
unregelmäßig	ist unregelmäßig	Ihr Puls ist unregelmäßig.

16 Suchen Sie weitere schwierige Wörter und Sätze. Üben Sie im Kurs.

Kost	schweinefleischfreie Kost	Er bekommt schweinefleischfreie Kost.

Grammatik

Positionen im Satz

Zeitangaben und Ortsangaben

Ich	messe	Ihnen	jetzt Zeitangabe	im Ohr Ortsangabe	die Temperatur.
Waren	Sie		heute schon Zeitangabe	auf der Toilette? Ortsangabe	

Die Zeitangabe steht immer vor der Ortsangabe. Wenn die Zeitangabe besonders betont ist, kann sie auch auf Position 1 stehen. Dann steht das Subjekt auf Position 3.

Position 1	Position 2	Position 3	
Sie Subjekt	müssen	heute Zeitangabe	nüchtern bleiben.
Heute Zeitangabe	müssen	Sie Subjekt	nüchtern bleiben.

TIPP

Das Subjekt steht im Hauptsatz immer beim Verb:
im Aussagesatz entweder auf Position 1 oder auf Position 3,
in der W-Frage und der Ja-Nein-Frage direkt nach dem Verb:
Wie **fühlen Sie** sich denn? **Waren Sie** heute schon auf der Toilette?

17 Bilden Sie Sätze.

1. in den OP – Sie – jetzt – bringe – ich
2. bitte – ins Dienstzimmer – komm – danach
3. zur Sonographie – muss – Herr Schmidt – gehen – um 10 Uhr
4. arbeite – seit einem Jahr – ich – hier in der Klinik
5. uns – auf der Station – gleich – wir – sehen
6. jetzt – Sie – auf den Stuhl – sich – setzen – bitte
7. bringe – um 15 Uhr – ich – zum Röntgen – Frau Patt

18 Schreiben Sie fünf Bitten an eine Kollegin in der Klinik mit Zeitangaben und Ortsangaben.

Bring bitte Herrn Schmidt um zehn Uhr zum Röntgen.

Geh bitte sofort zu …

Dativerganzungen und Akkusativergänzungen

Ich	messe	der Patientin Dativergänzung	den Blutdruck. Akkusativergänzung

Nomen + Nomen → Dativ vor Akkusativ

Ich	messe	ihn Akkusativergänzung	der Patientin. Dativergänzung
Ich	messe	ihr Dativergänzung	den Blutdruck. Akkusativergänzung

Pronomen + Nomen → Pronomen vor Nomen

Ich	messe	ihn Akkusativergänzung	ihr. Dativergänzung

Pronomen + Pronomen → Akkusativ vor Dativ

19 Bei der Übergabe: Schreiben Sie fünf Fragen.

Frau Krüger	Temperatur	gemessen
Herrn Schmidt	die Atemgymnastik	erklärt
der Oberärztin	die Röntgenbilder	gezeigt
Herrn Popov	die Antithrombosespritze	gegeben
Frau Braun	den Rücken	gewaschen
Herrn Baumgarten	die Antithrombosestrümpfe	angezogen
der Patientin	Schmerztabletten	verabreicht
dir	die Befunde	angesehen
dem Patienten	den Verband	gewechselt

Hast du Frau Krüger schon Temperatur gemessen?

Haben Sie ... schon ...?

20 Antworten Sie auf die Bitten der Patientin. Benutzen Sie zwei Pronomen. Üben Sie dann zu zweit mit eigenen Sätzen weiter.

1. Geben Sie mir bitte meinen Trinkbecher? *Ich gebe ihn Ihnen gleich.*
2. Geben Sie mir bitte meine Tasse? ______
3. Geben Sie mir bitte mein Glas? ______
4. Geben Sie mir bitte mein Schmerzmittel? ______
5. Geben Sie mir bitte meinen Waschlappen? ______
6. …

Das Aufnahmegespräch

2.1

1 Hören Sie und suchen Sie die Informationen auf dem Aufnahmebogen.

Aufnahmebogen

Station: 13

Familienname des Patienten: WIRTZ

Vorname: MATTHIAS

Geburtsdatum: 16.08.1942

Geburtsort: HAMBURG

Geburtsname: WIRTZ

Postleitzahl: 42117

Wohnort: WUPPERTAL

Straße und Hausnummer: WEIDENSTR. 175

Familienstand (LD = ledig, VH = verheiratet, VW = verwitwet, GS = geschieden): VW

Konfession (rk = römisch-katholisch, ev = evangelisch, an = andere): EV

Nationalität: DEUTSCH

Geschlecht (m = männlich, w = weiblich): M

Verlegung von Krankenhaus: KLINIKUM MITTE

einweisender Arzt: KLINIKUM MITTE

Hausarzt (Adresse): DR. BINDER

Beruf: RENTNER

Arbeitgeber: (durchgestrichen)

Name und Telefonnummer von Angehörigen:
OLAF WIRTZ 0202-35423
FR. BERGS 02151-5284

2 Ordnen Sie den Dialog. Orientieren Sie sich am Aufnahmebogen.

__ ● Wie ist Ihre Adresse?
○ Ich wohne in Wuppertal in der Weidenstraße 175.
● Welche Postleitzahl ist das?
○ 42117.

__ ● Kommen Sie von zu Hause oder kommen Sie aus einer anderen Klinik?
○ Ich komme jetzt aus dem Klinikum Mitte.
● Wie heißt Ihr Hausarzt?
○ Meine Hausärztin ist Frau Dr. Binder.

_1_ ● Guten Tag, Herr Wirtz. Ich bin Schwester Susanne. Ich muss Ihnen ein paar Fragen für den Aufnahmebogen stellen.
○ Guten Tag, Schwester Susanne.
● Wie ist Ihr Vorname?
○ Matthias.
● Können Sie das bitte buchstabieren?
○ Ja: M-A-T-T-H-I-A-S.

__ ● Ihr Beruf ist Rentner?
○ Ja, ich habe früher als Verkäufer gearbeitet.
● Wen sollen wir im Notfall anrufen?
○ Bitte meinen Sohn, Olaf Wirtz, er hat die Telefonnummer 35423 in Wuppertal.
● Gut, 0202-35423.
○ Und meine Schwester, Frau Bergs, 02151-5284.

__ ● Wann und wo sind Sie geboren?
○ Am 16. August 1942 in Hamburg.

__ ● Wie ist Ihr Familienstand?
○ Ich bin verwitwet, meine Frau ist vor 5 Jahren gestorben.
● Das tut mir leid. Und welche Konfession haben Sie?
○ Ich bin evangelisch.
● Welche Nationalität haben Sie? Deutsch?
○ Ja.

3 Hören Sie noch einmal zur Kontrolle. 2.1

4 Sammeln Sie in Aufgabe 2 Fragen und Antworten. Spielen Sie im Kurs.

Personal	*Patient*
Wie ist Ihr Vorname? *Können Sie …*	*Mein Vorname ist …*

Die Pflegeanamnese

5 **Markieren Sie in den Ausschnitten der Pflegeanamnese unbekannte Wörter. Überlegen Sie im Kurs.**

A

Aufnahmezustand

- ☐ Notfall ☐ liegend ☐ sitzend ☐ gehend
- ☐ ansprechbar ☐ benommen ☐ bewusstlos
- ☐ erregt ☐ aggressiv
- ☐ orientiert ☐ teilweise orientiert ☐ desorientiert
- ☐ selbstständig ☐ bettlägerig seit: ....
- ☐ ....

B

Kommunikation

- ☐ problemlose verbale Kommunikation
- ☐ Kommunikation gestört durch:
  - ☐ Verständigung (Pat. braucht Dolmetscher)
  - ☐ Pat. kann sich nur nonverbal äußern (z. B. mit Schreibtafel)
  - ☐ psychisch (kann keine klaren Gedanken fassen) ☐ verwirrt
  - ☐ Aphasie ☐ Sprechstörung (Stottern)
  - ☐ Hörstörung ◯ gehörlos ◯ schwerhörig (hat Hörgerät)
  - ☐ Sehbehinderung ◯ Brille ◯ Kontaktlinsen ◯ blind
  - ☐ ....

C

Bewegung, Mobilität

- ☐ keine Probleme ☐ bettlägerig seit: ....
- ☐ mit Hilfe gehen ☐ mit Hilfe sitzen
- ☐ Rigor ☐ Tremor ☐ Kontraktur
- ☐ Hilfsmittel: ◯ Unterarmgehstützen ◯ Rollstuhl ◯ Gehbock/-wagen
  - ◯ Arm-/Beinprothese ....
- ☐ Mobilität eingeschränkt durch:
  - ☐ Parese ◯ links / ◯ rechts
  - ☐ ....

D

Ausscheiden

- ☐ selbstständig
- ☐ mit Hilfe ☐ Toilettenstuhl ☐ Urinflasche ☐ Steckbecken
- ☐ Inkontinenz: .... ☐ Stuhl ☐ Harn
- ☐ Stoma: ....
- ☐ BDK gelegt am: .... ☐ Größe: .... ch
- ☐ SPF gelegt am: ....
- ☐ letzter Stuhlgang am: ....
- ☐ Schwitzen .... ☐ Erbrechen ....

6 **Wie sehen die Formulare in Ihrer Klinik aus? Vergleichen Sie.**

7a **Hilfsmittel: Was ist was? Kennen Sie noch andere Wörter für die Hilfsmittel? Schreiben Sie die Wörter und ergänzen Sie Ihre Sprache.**

das Hörgerät (-e) • die Unterarmgehstütze (-n) • der Toilettenstuhl ("-e) • das Steckbecken (-)
der Gehwagen (-) • der Rollstuhl ("-e) • die Urinflasche (-n) • der Rollator (-en) • die Brille (-n)

1
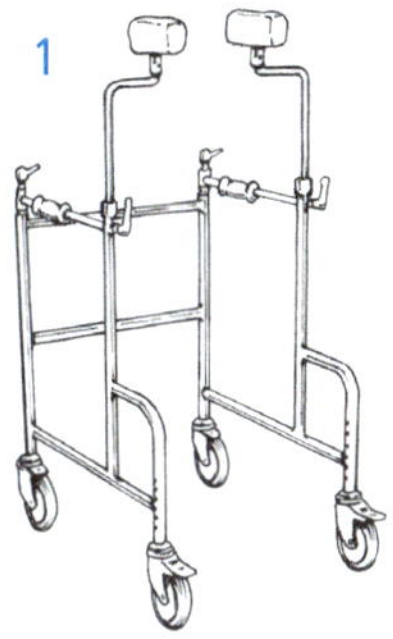
2

3
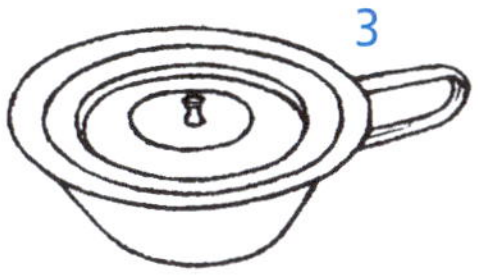
4
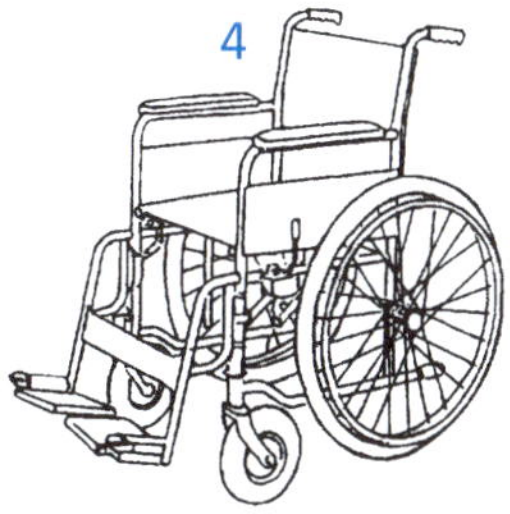
6
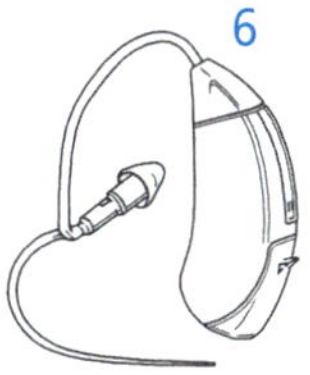
8
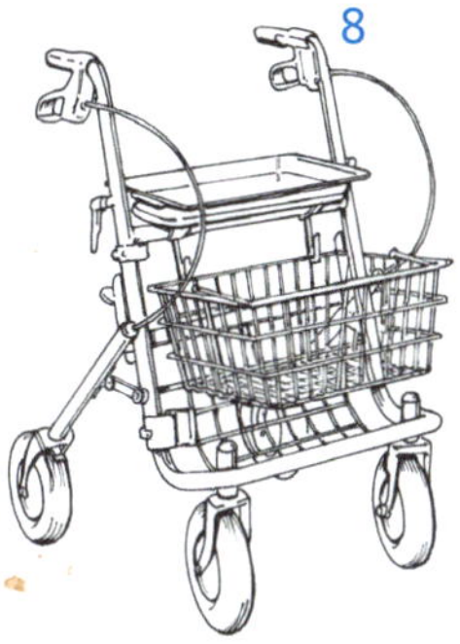
5
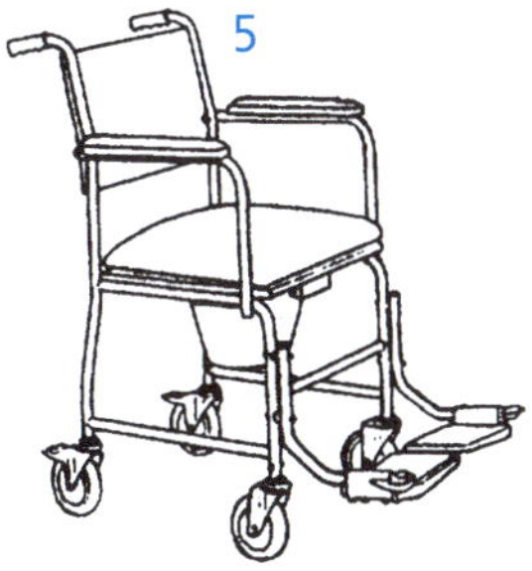
9

7

1 der Gehwagen (-) =

7b **Wie kann man fragen?**

Tragen Sie ein ...?
Benötigen Sie ...?
Brauchen Sie ...?
Gehen Sie zur Toilette oder brauchen Sie ...?
Wie können Sie sich bewegen? Gehen Sie mit ...?

8 **Hören Sie: Welcher Gesprächsausschnitt gehört zu welchem Formularausschnitt in Aufgabe 5?** 2.2

Gespräch	Formularausschnitt
1	
2	*A Aufnahmezustand*
3	
4	

Das Anamnesegespräch

2.6

9a Hören Sie: Welche Beschwerden hat Frau Lipus jetzt?

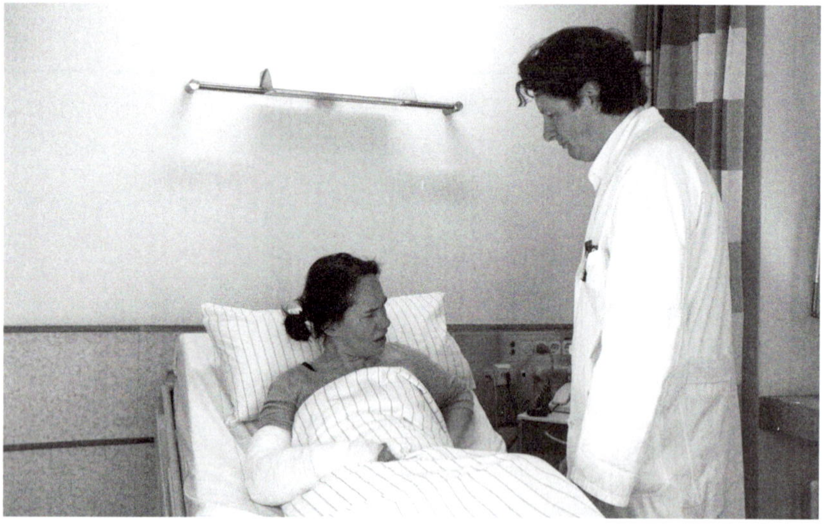

9b Lesen Sie. Welche Krankheiten hat Frau Lipus vorher gehabt?

Dr. Stahl: Frau Lipus, wie geht es Ihnen?
Fr. Lipus: Mir geht es nicht so gut. Mir tut der Bauch so weh.
Dr. Stahl: Dann werde ich Sie gleich untersuchen. Zuerst stelle ich Ihnen noch ein paar Fragen zu Ihrer Vorgeschichte. Was haben Sie mit Ihrem Arm gemacht?
Fr. Lipus: Ich bin gestürzt und habe mir den Arm gebrochen.
Dr. Stahl: Sind Sie schon öfter gefallen?
Fr. Lipus: Nein, das war das erste Mal.
Dr. Stahl: Wie ist das passiert?
Fr. Lipus: Ich war im Supermarkt, da wurde gerade geputzt und da bin ich auf dem nassen Boden ausgerutscht.
Dr. Stahl: Aha. Sind Sie schon mal operiert worden?
Fr. Lipus: Ja, ich habe eine Blinddarmentzündung gehabt.
Dr. Stahl: Wann war das?
Fr. Lipus: Mit 12 Jahren, da hat mich Dr. Rühe operiert.
Dr. Stahl: Nehmen Sie Medikamente ein?
Fr. Lipus: Ja, gegen den hohen Blutdruck. Aber ich habe den Namen vergessen, der Doktor hat mir neue Tabletten verschrieben.
Dr. Stahl: Haben Sie die Tabletten mitgebracht?
Fr. Lipus: Ja, sie sind dahinten in der Tasche.
Dr. Stahl: Gut, dann sehe ich sie mir gleich an. Haben Sie außer den Bauchschmerzen andere Beschwerden?
Fr. Lipus: Ja, mir tut auch der Rücken weh.

10 Wie fragen Sie nach der Krankengeschichte? Aufgabe 9b hilft Ihnen.

Arzt

Was haben Sie mit Ihrem Arm gemacht?
Sind Sie schon öfter gefallen?
...

11a Schreiben Sie die unbekannten Wörter mit den Erklärungen.

Verordnungen für die Station

Untersuchungsvorbereitung:

nüchtern lassen: heute ☐
morgen ☐

Infusion **(Anzahl/die)[1]:**

500 ml Ringer[R] Lactat ________________ ☐
500 ml Glucose 5 % ________________ ☐
Andere: ________________ ☐

Schmerzmedikation oral[2]:

Voltaren[R] 3 x 1 ☐
Novamin[R] Tropfen 3 x 20 ☐
Tramal long[R] 1-0-1 ☐
Andere: __________ ☐

Schmerzmedikation i.v.[3]:

Dipidolor[R] ___ mg Kurzinfusion ☐
Schmerztropf 1 ☐
Schmerztropf 2 ☐
Andere: ________________ ☐

Diagnostik anmelden:

Gastroskopie[4] ☐	CT[7] ☐	Lufu[10] ☐
Coloskopie[5] ☐	MRT[8] ☐	EKG ☐
Rectoskopie[6] ☐	Sonographie[9] ☐	Röntgen-Thorax[11] ☐

Labor:

Kleine Routine ☐
Große Routine ☐
Blutgruppe ☐

Konsile[12]:

Gynäkologisch ☐
HNO ☐
Neurologisch ☐

Die blauen Wörter sind Medikamentennamen.

die Computertomographie • die Enddarmspiegelung • das Röntgen der Lunge
die Magnetresonanztomographie = die Kernspintomographie • intravenös • die Magenspiegelung
die Dickdarmspiegelung • die Ultraschalluntersuchung • die Lungenfunktionsprüfung
Aufnahme durch den Mund • Untersuchung durch eine andere Fachdisziplin • ~~Anzahl~~ pro Tag

1 Anzahl / die = Anzahl pro Tag

11b Dr. Stahl ruft seinen Oberarzt an. Hören Sie das Telefonat. 2.7

11c Hören Sie noch einmal. Füllen Sie die Verordnungen an die Station in Aufgabe 11a aus. 2.7

Erkrankungen

12 Schreiben Sie die Wörter. Seite 62 hilft Ihnen.

Deutsche Wörter für Fachwörter
Lernen Sie für das Gespräch mit den Patienten die deutschen Wörter für Erkrankungen.

das medizinische Fachwort	das deutsche Wort
die Gastritis	die Magenschleimhautentzündung
die Cholezystitis	die Gallenblasenentzündung
die Cholelithiasis	das Gallensteinleiden
die Appendizitis	die Blinddarmentzündung
die Zystitis	die Blasenentzündung
die Nephritis	die Nierenentzündung
das Ulcus ventriculi	das Magengeschwür
die Nephrolithiasis	das Nierensteinleiden
a die Pankreatitis	______
b die Colitis	______
c die Ileitis	______
d das Ulcus duodeni	______
e die Hepatitis	______
f die Ösophagitis	______

die Dickdarmentzündung • die Bauchspeicheldrüsenentzündung • das Zwölffingerdarmgeschwür • die Speiseröhrenentzündung • die Dünndarmentzündung • die Leberentzündung

13 Sehen Sie sich die Tabelle an. Was bedeuten die folgenden Wörter?

Ulcus = ______________________________

– lithiasis = ______________________________

– itis = ______________________________

14a Spielen Sie. Auf Seite 71 finden Sie die Informationen.

Arzt
Erklären Sie Frau Lipus, dass sie auf die Aufnahmestation kommt.
Erklären Sie ihr, welche Untersuchungen gemacht werden.
Antworten Sie auf ihre Fragen.

Frau Lipus
Sie verstehen nicht alle Untersuchungsnamen.
Fragen Sie nach.
Fragen Sie, was Sie essen dürfen.
Sie haben starke Schmerzen. Fragen Sie, ob Sie ein Schmerzmedikament bekommen können.

Arzt/Ärztin
Wir machen bei Ihnen eine Sonographie, das ist eine Ultraschalluntersuchung.
Morgen machen wir eine Coloskopie.
Eine Coloskopie ist eine Dickdarmspiegelung.
Außerdem machen wir …
Wir untersuchen Ihr Blut. …
Sie müssen für die Untersuchungen nüchtern bleiben, Sie dürfen nichts essen.
Sie bekommen Infusionen / einen Schmerztropf. …

Patient(in)
Wie bitte? Coloskopie, was ist das?
Ich habe so starke Schmerzen …

14b Spielen Sie. Die Aufgaben 5 bis 7 helfen Ihnen.

Krankenpfleger
Sie führen ein Pflegeanamnesegespräch mit dem Patienten. Fragen Sie nach
– Brille, Kontaktlinsen, Hörgerät, …
– Mobilität: Unterarmgehstützen, …
– Ausscheiden

Patient(in)
Sie benötigen folgende Dinge:
– Kontaktlinsen und Brille
– Hörgerät
– Gehwagen.
Sie können nicht zur Toilette gehen:
– Toilettenstuhl

Grammatik

Perfekt und Satzklammer

Aussagesatz		**Position 2**		**Ende**
	Ich	habe	mir den Arm	gebrochen.
	Ich	bin	im Supermarkt	gestürzt.
W- Frage		**Position 2**		**Ende**
	Wie	ist	das	passiert?
Ja-Nein-Frage	**Position 1**			**Ende**
	Sind		Sie schon öfter	gefallen?

Perfekt: Formen

Man bildet das Perfekt mit dem Hilfsverb *haben* oder *sein* und dem Partizip II.
Perfekt mit dem Hilfsverb *sein*:

- Verben, die eine Bewegung zu einem Ziel ausdrücken wie *stürzen*, *fallen*, *ausrutschen*, *kommen*, *gehen*, …
- Verben, die eine Veränderung ausdrücken wie *werden*, *einschlafen*, *aufwachen*, …
- die Verben *sein*, *bleiben* und *passieren*.

Bildung des Partizips

regelmäßige Verben

arbeit en
ge + Verbstamm + (e)t
ge arbeit et
stürz en
ge stürz t

unregelmäßige Verben

brech en
ge + Perfektstamm + en
ge broch en
fall en
ge fall en

trennbare Verben

auf wach en
Präfix + ge + Verbstamm + (e)t
auf ge wach t

auf steh en
Präfix + ge + Perfektstamm + en
auf ge stand en

nicht trennbare Verben

unter such en
Präfix + Verbstamm + (e)t
unter such t

ver schreib en
Präfix + Perfektstamm + en
ver schrieb en

Verben auf -ieren

operier en
Verbstamm + t
operier t

Perfekt: Funktion

Mit dem Perfekt berichtet man über Vergangenes.
Ausnahme: *sein*, *haben* und die Modalverben stehen fast immer im Präteritum.
Ich **war** krank. Ich **hatte** Fieber. Ich **konnte** nicht aufstehen.

15 Perfekt mit „haben" oder „sein"? Ergänzen Sie das Hilfsverb in der richtigen Form.

Beim Anamnesegespräch:

1. Wie ________ das passiert?
2. Wo ________ Sie sich verletzt?
3. Warum ________ Sie hingefallen?
4. Wer ________ Sie operiert?
5. Wann ________ Sie die Beschwerden bemerkt?
6. Welche Medikamente ________ Ihnen Ihr Hausarzt verschrieben?
7. ________ Sie die Tabletten mitgebracht?

Morgens auf der Station:

8. ________ Sie gestern Abend gut eingeschlafen?
9. Wie ________ Sie geschlafen?
10. ________ Sie nachts aufgewacht?
11. ________ Sie etwas getrunken?
12. ________ Sie Ihr Schmerzmittel genommen?
13. ________ Sie heute schon aufgestanden?
14. ________ Sie sich schon gewaschen oder brauchen Sie Hilfe?

16 Schreiben Sie Fragen und Aussagesätze im Perfekt

1. eine Kopfschmerztablette – ich – Frau Müller – geben.
2. ich – zum EKG – bringen – Herrn Özlem.
3. das Blut – ins Labor – bringen – Sie – schon.
4. Sie – Ihre Tabletten – nehmen?
5. ich – Ihren Befund – lesen.
6. den Verband – gestern – wechseln – ich – von Herrn Schmidt.
7. Dr. Kazanski – Bescheid – ich – sagen.
8. Ihre Tochter – vor einer Stunde – anrufen.
9. Sie – mitbringen – Ihre Versichertenkarte?
10. Herrn Evertz – beim Waschen – helfen – ich.

17 Bei der Übergabe: Berichten Sie einer Kollegin, was Sie heute alles auf der Station gemacht haben.

Ich habe den Verband von Frau Krüger gewechselt. . .

Die Atmungsorgane

1a Schreiben Sie die Wörter. Die Tabelle hilft Ihnen.

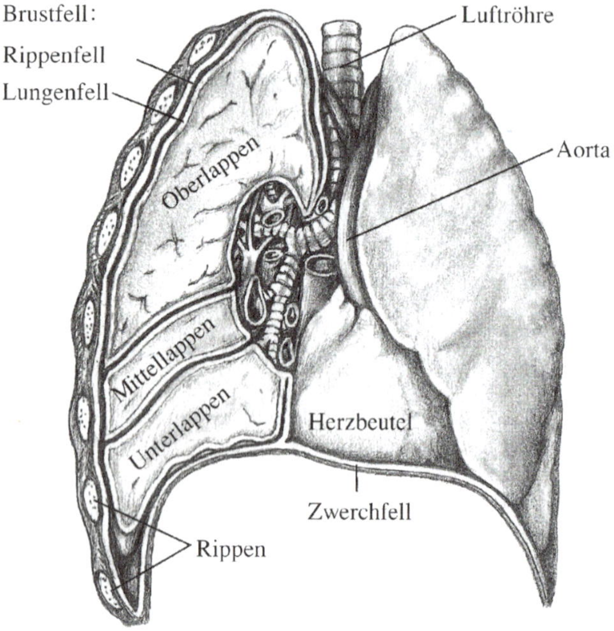

Medizinisches Fachwort	Allgemeinsprachliches Wort
der Pulmo	die Lunge
die Pleura costalis	das Rippenfell
die Pleura pulmonalis	das Lungenfell
die Pleura	das Brustfell
die Costa (Costae)	die Rippe (-n)
die Trachea	die Luftröhre
das Perikard	der Herzbeutel
das Diaphragma	das Zwerchfell

die Brustfellentzündung (-en) • die Lungenentzündung (-en) • die Luftröhrenentzündung (-en)
die Herzbeutelentzündung (-en) • der Speiseröhrenkrebs (Sg.)

das Lungenkarzinom (-e) = der Lungenkrebs (Sg.)
die Bronchitis (Bronchitiden) = die Entzündung der Bronchien
die Pneumonie (-n) = ___
die Tracheitis (-tiden) = ___
die Perikarditis (-tiden) = ___
die Pleuritis (-tiden) = ___
das Ösophaguskarzinom (-e) = ___

1b Was bedeuten die Wortteile?

– karzinom (Abkürzung: -Ca) = ___
– itis = ___

Die Vorbereitung zur Operation

2a Das Narkoseprotokoll: Welche Krankheit hat Frau Schumann?

Datum	Zimmer	Blutgruppe	74 Jahre	geplante Operation:
6.2.09	16	0 Rh pos. (+)	178 cm 80 kg	Lungen-OP

C 2
Schumann, Margot *2.5.1935
Talstr. 56 40217 Düsseldorf
AOK Düsseldorf

Klinische Diagnose:
Bronchial-Ca

Klin. Daten:	RR $^{120}/_{80}$	Puls 84
Hgb g% 13,1	Hkt 40	EKG o. B.

Unverträglichkeit/Allergie
keine Allergien bekannt

Praemedikation:
Vorabend:
50 mg Tranxilium p. o.

OP-Tag:
Dormicum 7,5 mg p. o.

0 Rh pos (+) = Null Rhesus positiv

178 cm = (ein)hundertachtundsiebzig Zentimeter oder 1 m 78 = eins achtundsiebzig

80 kg = 80 Kilo oder 80 Kilogramm

Aufkleber mit den Patientendaten

Hgb oder Hb = Hämoglobin

o. B. = ohne Befund

Hkt oder Hk = Hämatokrit

Prämedikation = die Medikamente, die der Patient vor der Operation erhält

p. o. = per os = durch den Mund

2b Schreiben Sie die Abkürzungen mit den Erklärungen.

Hgb, Hb = Hämoglobin

2c Richtig oder falsch? Kreuzen Sie an.

	R	F
1. Frau Schumann bekommt eine Magen-OP.	☐	☐
2. Sie hat ein Bronchial-Ca.	☐	☐
3. Ihre Blutgruppe ist A Rhesus positiv.	☐	☐
4. Sie ist 1,87 m groß.	☐	☐
5. Sie ist 47 Jahre alt.	☐	☐
6. Ihr Blutdruck ist 120 zu 80.	☐	☐
7. Ihr Hämoglobin ist 13,3.	☐	☐
8. Sie soll heute ab 8 Uhr nüchtern bleiben.	☐	☐

8 Vor und nach der Operation

2.8

3a Hören Sie: Was soll Frau Schumann vor der Operation tun?

3b Lesen Sie: Was tut das Pflegepersonal vor der Operation?

Sr. Jennifer: Guten Morgen, Frau Schumann. Wie geht es Ihnen?
Fr. Schumann: Guten Morgen, Schwester. Ich bin seit gestern Abend so aufgeregt.
Sr. Jennifer: Ja, das verstehe ich. Aber jetzt müssen Sie auch nicht mehr lange warten, in einer halben Stunde bringen wir Sie in den OP. Schwester Monika hat Sie ja heute Morgen schon rasiert. Haben Sie auch schon geduscht?
Fr. Schumann: Ja, das habe ich doch schon ganz früh gemacht.
Sr. Jennifer: Gut, dann gehen Sie bitte noch zur Toilette.
Fr. Schumann: Da war ich gerade schon.
Sr. Jennifer: Nehmen Sie bitte Ihre Zahnprothese heraus.
Fr. Schumann: Muss das wirklich sein? Ich sehe dann so schrecklich aus.
Sr. Jennifer: Ja, das ist wegen der Narkose unbedingt nötig. Haben Sie noch Schmuck an?
Fr. Schumann: Nein, den Schmuck habe ich gestern schon meiner Tochter mitgegeben. Soll ich die Brille auch absetzen?
Sr. Jennifer: Ja, bitte. – So, ziehen Sie jetzt bitte alles aus, Sie bekommen hier das OP-Hemd.
Fr. Schumann: Darf ich die Unterwäsche anlassen?
Sr. Jennifer: Nein, Sie müssen bitte alles ausziehen und das OP-Hemd anziehen.
Fr. Schumann: Können Sie mir bitte helfen?
Sr. Jennifer: Ja, ich mache Ihnen das OP-Hemd zu. Dann legen Sie sich bitte hin, ich helfe Ihnen mit den Antithrombosestrümpfen.

4 Was können Sie bei der Vorbereitung zur OP sagen? Aufgabe 3 hilft Ihnen.

Krankenschwester	Patientin
Sie müssen nüchtern bleiben.	
Sie dürfen nichts essen und nichts trinken.	
Haben Sie schon geduscht?	Ja, das habe ich.
Nehmen Sie bitte …	

5 Spielen Sie. Aufgabe 4 hilft Ihnen.

Krankenschwester
Der Patient wird in einer Stunde operiert.
Er muss nüchtern bleiben.
Er soll sich waschen. Er soll zur Toilette gehen, die Zahnprothese herausnehmen, den Fingerring abnehmen, sich ausziehen.
Sie helfen ihm, das OP-Hemd und die Antithrombosestrümpfe anzuziehen.

Patient
Sie waren gerade auf der Toilette.
Sie möchten etwas trinken, Sie haben großen Durst.
Sie möchten die Unterhose anlassen.

Die Operation

6a Instrumente: Schreiben Sie die Wörter mit Übersetzung.

6b Setzen Sie Wörter aus Aufgabe 6a ein.

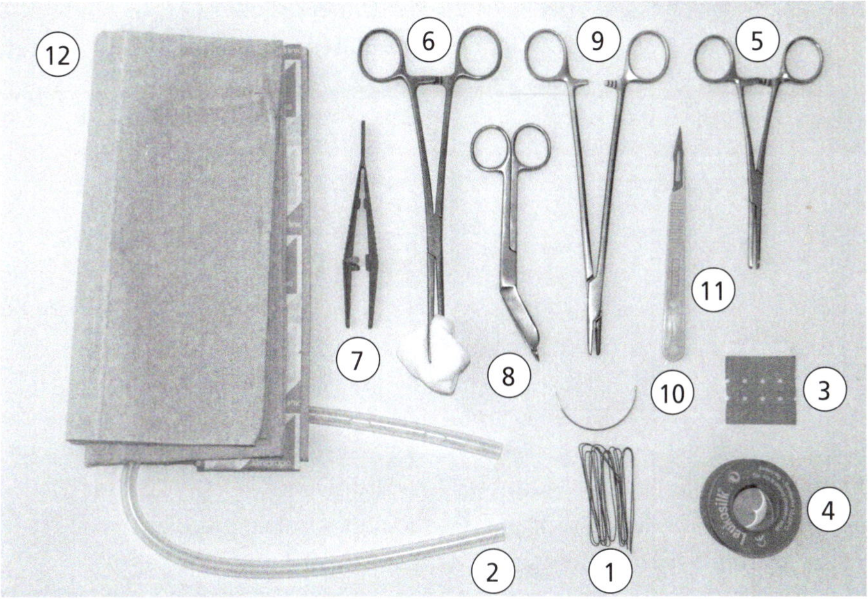

1 der Faden ("-)
2 die Drainage (-n)
3 das Pflaster (-)
4 der Pflasterstreifen (-)
5 die Klemme (-n)
6 der Tupfer (-)
7 die Pinzette (-n)
8 die Schere (-n)
9 der Nadelhalter (-)
10 die Nadel (-n)
11 das Skalpell (-e)
12 das Tuch ("-er)

Praktikant: Was wird denn bei der Operation gemacht?

Dr. Ulrich: Zuerst leitet der Anästhesist die Narkose ein. Ich wasche das OP-Gebiet ab und lege sterile __________________ um das OP-Gebiet. Dann stellen wir das Licht ein. Nun schneide ich mit einem __________________ den Thorax, also den Brustkorb, auf und entferne den kranken Teil der Lunge. Später lege ich eine __________________ ein, damit das Blut ablaufen kann. Danach nähe ich den Thorax mit __________________ und Faden zu. Nach der Operation leitet der Anästhesist die Narkose aus.

6c Hören Sie zur Kontrolle. 2.9

7 Was passt?

1. den Thorax → E
2. das OP-Gebiet
3. die Narkose
4. die Drainage
5. das Licht

A zunähen
B einleiten
C abwaschen
D einlegen
E aufschneiden
F ausleiten
G einstellen

Die Übergabe aus dem OP

8 Abkürzungen. Schreiben Sie die Wörter.

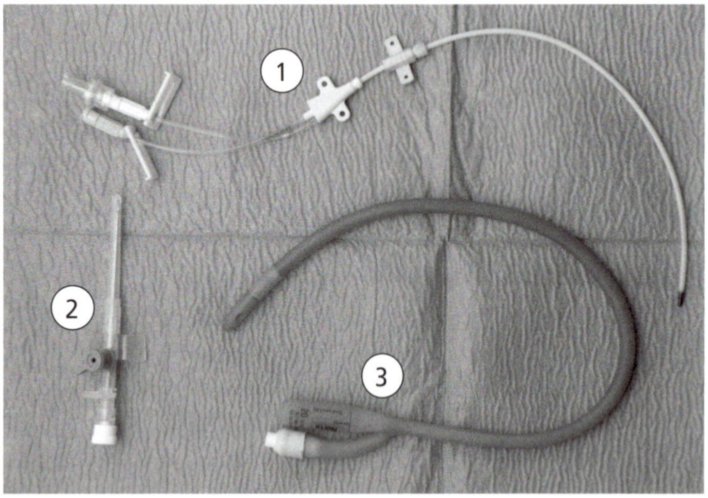

1 = der Zentrale Venenkatheter (-)
2 = die Braunüle[R] (-n) / die Viggo[R] (-s)
3 = der Dauerkatheter (-) / der Blasenverweilkatheter (-)

der Dauerkatheter (-) / der Blasenverweilkatheter (-) • intravenös • der Milliliter (-)
die percutane endoskopische Gastrostomie • das Milligramm (-) • subcutan • intramuskulär
die Magensonde (-n) • der Zentrale Venenkatheter (-) • das Elektrokardiogramm (-e)

Abkürzung: PEG, i.m., MS, i.v., s.c., EKG, DK/BVK, ZVK, ml, mg

PEG = die percutane endoskopische Gastrostomie,

Abkürzungen sind in der medizinischen Fachsprache sehr wichtig. Fragen Sie nach, wenn Sie eine Abkürzung nicht verstehen.

2.10

9a Hören Sie die Übergabe an die Intensivstation und füllen Sie die Verordnungen der Anästhesistin an die Station aus.

	Name		Datum
	Verordnungen an die Station		
1.	RR, Puls und Atmung	alle 15 Min.,	alle 30 Min.
2.	Röntgen-Thorax sofort, nachmittags, morgen früh		
3.	Laboruntersuchungen: Hgb, Hkt sofort und um		Uhr
4.	Antibiotika:		
5.	Analgetika:		
6.	Trinken erlaubt, falls genügend wach ab		Uhr
7.	Medikamente:		
8.	Infusion:		
9.	Besonders beachten:		

Anästhesistin

Bei Frau Schumann / Herrn ... ist eine Oberlappenresektion / ... gemacht worden.
Die OP hat von ... bis ... gedauert.
Sie/Er war während der OP kreislaufstabil / hatte eine hypertone Phase ...
Die Blutgase waren in Ordnung / nicht in Ordnung.
Sie/Er hat eine Thoraxdrainage, einen ZVK, eine Magensonde ...
Messen Sie bitte alle 15 Minuten / 30 Minuten / 4 Stunden den Blutdruck.
Und lassen Sie ihr/ihm sofort / heute Abend / morgen einen Röntgen-Thorax machen.
Die Blutwerte müssen um 16 Uhr / ... kontrolliert werden.
Gegen die Schmerzen habe ich ihr vor 10 Minuten 0,5 ml Dipidolor® gespritzt. Bei Schmerzen kann sie noch einmal 0,5 ml bekommen.
Sie/Er darf ab 16 Uhr / ... trinken und ab heute Abend / ... leichte Vollkost essen.
Medikamente und Infusion bekommt sie/er nach Plan.
Achten Sie bitte auf die Urinausscheidung / ...

9b Herr Teuber hat eine Leistenhernien-OP bekommen. Übergeben Sie den Patienten an die Station. Die Informationen finden Sie im Formular. Die Tabelle in Aufgabe 9a hilft Ihnen.

	Name *Teuber* Datum *2.2.09*
	Verordnungen an die Station
1.	RR, Puls und Atmung *4x* alle 15 Min., *4x* alle 30 Min.
2.	Röntgen-Thorax sofort, nachmittags, morgen früh *Ø*
3.	Laboruntersuchungen: Hgb, Hkt sofort und um *Ø* Uhr
4.	Antibiotika: *Ø*
5.	Analgetika: *1/2 Ampulle Dipidolor i.m.*
6.	Trinken erlaubt, falls genügend wach ab *sofort*
7.	Medikamente: *Ø*
8.	Infusion: *1.000 ml NaCl*
9.	Besonders beachten: *Abendessen*
	heute Abend Mobilisation

10a Überwachungsbogen: Lesen Sie und suchen Sie unbekannte Wörter.

2.11 **10b Hören Sie und füllen Sie den Überwachungsbogen weiter aus.**

Zahlen sind in der Medizin sehr wichtig. Achten Sie deshalb besonders auf das Lesen der Zahlen, z. B.
Puls 83: dreiundachtzig ist normal
Puls 38: achtunddreißig ist gefährlich

Datum: 6.2.09		Name: Krüger, Jonas			Überwachungsbogen	Einfuhr		Ausfuhr		
Hz.	Zeit	RR	Puls	Temp.	Medikamente/Infusionen – Sonstiges	oral	parenteral	MS	Drainagen	DK
TM	14^{00}	110/90	80	36^{6}	aus OP übernommen		300 ml			
TM	14^{15}	115/90	88		1/2 Amp. Dipidolor i.m.				100 ml	
TM	14^{30}	110/85	80		1 Ringer Lactat		500 ml			

Die erste postoperative Visite

2.12 **11a Hören Sie: Ab wann darf Frau Schumann etwas trinken?**

11b Lesen Sie: Worüber sprechen Dr. Ulrich, Frau Schumann und Pfleger Tim? Kreuzen Sie an.

Dr. Ulrich: Frau Schumann, wie geht es Ihnen?
Frau Schumann: Seit der Operation tun mir beim Atmen die Seite und der Rücken weh.
Dr. Ulrich: Wann hat Frau Schumann zuletzt Schmerzmittel bekommen?
Pfl. Tim: Vor einer Stunde.
Dr. Ulrich: Ich spritze Ihnen sofort etwas über den Schmerzkatheter.
Frau Schumann: Danke. – Darf ich etwas trinken?
Dr. Ulrich: Jetzt noch nicht, Sie müssen leider bis heute Nachmittag warten. Dann dürfen Sie schluckweise Wasser trinken und ab heute Abend können Sie auch leichte Kost essen.
Frau Schumann: Vielen Dank, ich habe jetzt schon richtig Hunger.
Dr. Ulrich: Heute Abend dürfen Sie auch das erste Mal mit Hilfe der Pflegekräfte aufstehen.

Schmerzen ☐ Ausscheidung ☐ Kommunikation ☐ Mobilisation ☐
Essen ☐ Trinken ☐ Hilfsmittel ☐ psychische Verfassung ☐

11c Was sagt der Arzt? Schreiben Sie weiter.

Patientin	Arzt
Mir tun die Seite und der Rücken weh.	Wann hat … In etwa 2 Stunden … Bis ….
Darf ich etwas trinken? Ich habe Hunger. Wann darf ich aufstehen?	

12 Spielen Sie die erste postoperative Visite bei Herrn Teuber. Die Tabelle in Aufgabe 11c hilft Ihnen. Weitere Informationen finden Sie in Aufgabe 9b.

Herr Teuber klagt über Bauchschmerzen. Er möchte gerne aufstehen. Er hat Hunger und Durst. …

Aussprache

13 Maße, Blutgruppen und Blutwerte: Hören Sie und sprechen Sie nach.

2.13

Maße: 1,83 m, 1 m, 1,5 m, 76 cm, 30 cm, 12 cm, 5 cm, 4 mm, 2 mm – 75 kg, 3,5 kg, 250 g, 25 mg, 3 mg, 0,25 mg, 0,2 mg – 3 l, 1 l, 400 ml, 3,5 ml, 0,8 ml, 0,5 ml, 0,25 ml

Blutgruppen: 0 Rh+, 0 Rh-, A Rh+, A Rh-, B Rh+, B Rh-, AB Rh+, AB Rh-

Blutwerte: Hb 6,5, Hb 6,8, Hb 7,2, Hb 8,6, Hb 10,0, Hb 11,1, Hb 12,4, Hb 13,7, Hb 15

14 Untersuchungen und Hilfsmittel: Hören Sie und sprechen Sie nach.

2.16

die Computertomographie, die Magnetresonanztomographie, die Magenspiegelung, die Dickdarmspiegelung, die Enddarmspiegelung, die Lungenfunktionsprüfung, der Röntgen-Thorax, das Konsil, das Hörgerät, der Toilettenstuhl, die Urinflasche, der Rollator, das Steckbecken, die Unterarmgehstützen, die Zahnprothese

15 Schwierige Wörter aussprechen: Krankheiten

2.17

Entzündung	Magenschleimhautentzündung	Die Patientin hat eine Magenschleimhautentzündung.
Entzündung	Blinddarmentzündung	Herr Meier hatte eine Blinddarmentzündung.
Krebs	Lungenkrebs	Er hat Lungenkrebs.
Infarkt	Herzinfarkt	Sie hat einen Herzinfarkt.
Geschwür	Zwölffingerdarmgeschwür	Sie haben ein Zwölffingerdarmgeschwür.

16 Schreiben Sie weitere schwierige Wörter und Sätze. Üben Sie im Kurs.

Schmerztropf   einen Schmerztropf   Sie bekommen einen Schmerztropf.

Grammatik

Zeitangaben: temporale Präpositionen mit Dativ

In einer halben Stunde bringen wir Sie in den OP.

Seit der Operation tut Frau Schumann der Rücken weh.

Vor einer halben Stunde hat Frau Schumann zuletzt Schmerzmittel bekommen.

Ab heute Abend können Sie leichte Kost essen.

Nach der OP leitet der Anästhesist die Narkose aus.

Die OP hat **von** 12 **bis** 15 Uhr gedauert.

Zeitangaben: temporale Präpositionen mit Dativ oder Genitiv

Während der OP war sie kreislaufstabil.

Zeitangaben: temporale Präpositionen mit Akkusativ

Um 16 Uhr müssen die Blutwerte kontrolliert werden.

Bis heute Nachmittag dürfen Sie leider nichts trinken.

17 Welche Antwort passt? Ordnen Sie zu. Manchmal gibt es mehrere Möglichkeiten.

1. Wann wird die Patientin operiert?
2. Wann hat Herr Kugler zuletzt ein Schmerzmittel bekommen?
3. Wie lange ist Frau Maschke schon nüchtern?
4. Ab wann darf die Patientin wieder etwas trinken?
5. Wann darf ich wieder aufstehen?
6. Wann soll ich die Patientin in den OP bringen?
7. Bis wann muss Frau Li auf der Intensivstation bleiben?

A Nach der Visite.
B Vor zehn Minuten.
C In einer Stunde.
D Seit heute Morgen.
E Bis morgen früh.
F Ab heute Abend.
G Um acht Uhr.

18 Setzen Sie die passenden temporalen Präpositionen ein.

1. Frau Krüger hat ______ (1) zwei Monaten Schmerzen im Bauchraum und wird ______ (2) acht Uhr operiert.
2. Herr Krause ist ______ (3) gestern Abend nüchtern und hat ______ (4) zwei Stunden ein Beruhigungsmittel bekommen.
3. ______ (5) der OP wird Herr Stomp besonders gut überwacht, weil er ein Risikopatient ist. ______ (6) der OP muss er deshalb auch auf jeden Fall auf die Intensivstation. ______ (7) heute Abend kann er dann eventuell auf die normale Station. ______ (8) dahin muss der Blutdruck alle 10 Minuten kontrolliert werden.

Temporale Verbindungsadverbien

Mit Adverbien wie **zuerst**, **dann**, **später**, **danach** kann man eine zeitliche Abfolge ausdrücken.

19 Ein Patient wird an der Lunge operiert und möchte genau wissen, wie die Operation abläuft. Erklären Sie ihm den Ablauf. Verwenden Sie dabei Zeitangaben.

Zuerst bekommen Sie eine Narkose. ...

Andere Zeitangaben

Auch so kann man Zeitangaben ausdrücken:
nicht mehr lange, schon ganz früh, alle fünf Minuten, gerade schon, zum Schluss, ...

20 Antworten Sie auf die Fragen der Patientin.

1. Wann muss ich zum Röntgen? *In zehn Minuten.*
2. Wann werde ich operiert? ______________
3. Wie lange dauert die Operation? ______________
4. Wann darf ich wieder etwas trinken? ______________
5. Wann darf ich wieder etwas essen? ______________
6. Wie oft soll ich die Medikamente nehmen? ______________
7. Wann ist Visite? ______________
8. Wann kommt die Physiotherapeutin? ______________
9. Wann darf ich zum ersten Mal aufstehen? ______________
10. Wann werden die Fäden gezogen? ______________
11. Wann kann ich nach Hause? ______________

Die Visite

2.18

1 Hören Sie und sehen Sie sich die Eintragungen an.

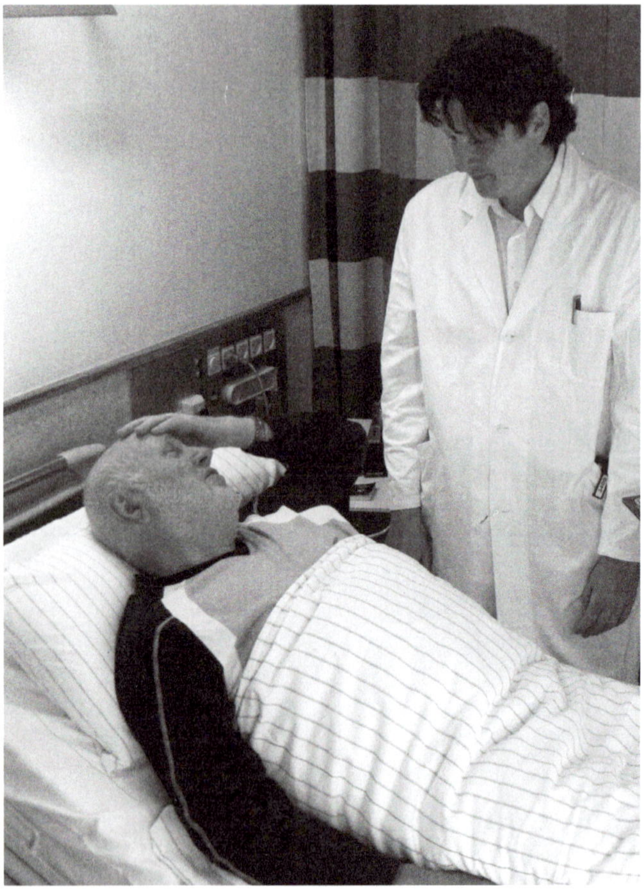

durchgeführte Diagnostik/Konsile:
EKG

Datum	Arzt	**Anordnungen** von Untersuchungen, Therapien und Eingriffen	Hz.
14.1.	R	EKG	
		2 stdl. [= stündlich]	
		RR + P	M

Datum	Arzt	**Pflegemaßnahmen**	Datum	Uhrz.	Hz.
14.1.	R	2 stdl. RR + P	14.1.	10^{00}	M
				12^{00}	S

Datum	Uhrz.	**Pflegebericht –** Verlaufsbeschreibung Krankenbeobachtung	Hz.
14.1.	5^{00}	Pat. klagte über "Herzrasen":	
		war tachykard, Arzt informiert	SM

2 Ordnen Sie zu.

1. Pflegebericht → B
2. Pflegemaßnahmen
3. Durchgeführte Diagnostik / Konsile
4. Anordnungen

A Hier ordnet der Arzt Untersuchungen an, die gemacht werden sollen.

B Hier findet die Krankenschwester Informationen der vorigen Schicht.

C Hier stehen Maßnahmen, die das Pflegepersonal regelmäßig durchführen muss.

D Hier trägt das Krankenpflegepersonal durchgeführte Untersuchungen ein.

3 Ordnen Sie zu: Was sind folgende Eintragungen?

3 x tgl. [= täglich] Fußbad • 2 stdl. [= stündlich] Umlagern • Montag neurologisches Konsil
morgen Gastroskopie • 3 x tgl. Temperaturkontrolle • tgl. Beine wickeln • Atemgymnastik
Dienstag Abdomensono • 2 x tgl. Sitzbad • 2 x tgl. VW [= Verbandswechsel]
Heute Rö-Thorax • Ferse frei lagern • heute EKG

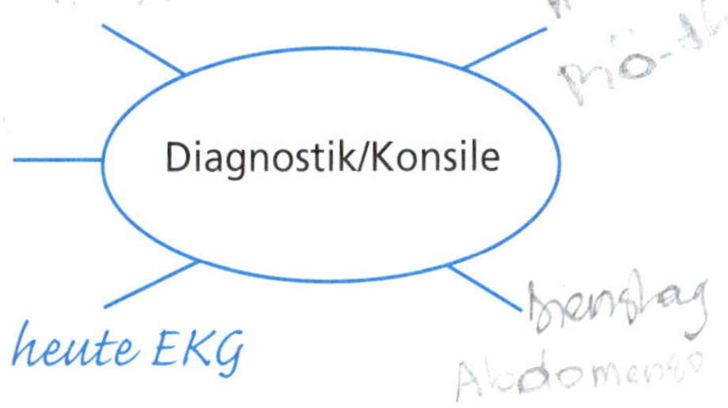

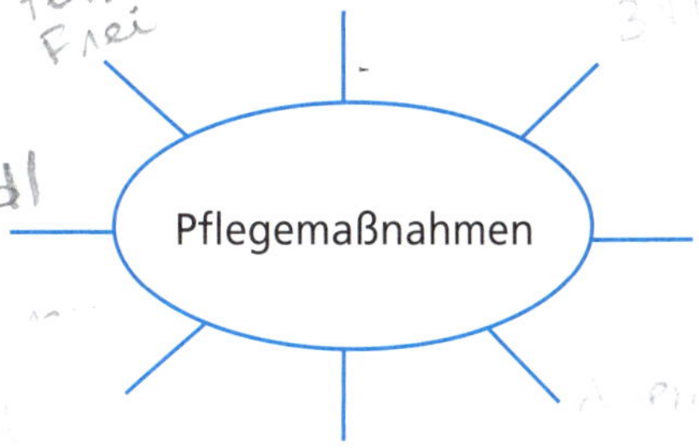

4 Welche Diagnostik oder pflegerischen Maßnahmen finden Sie hier?

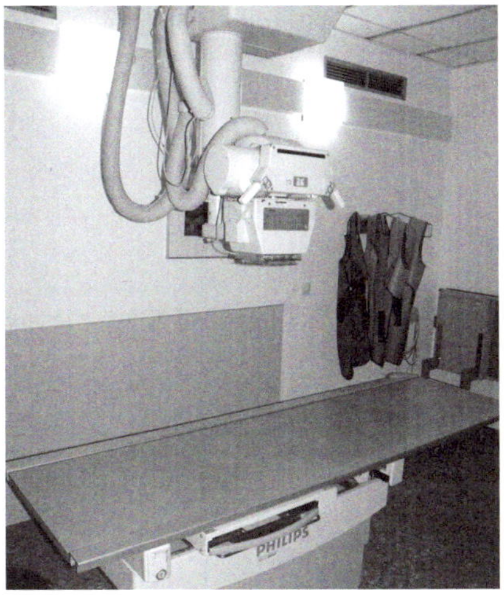

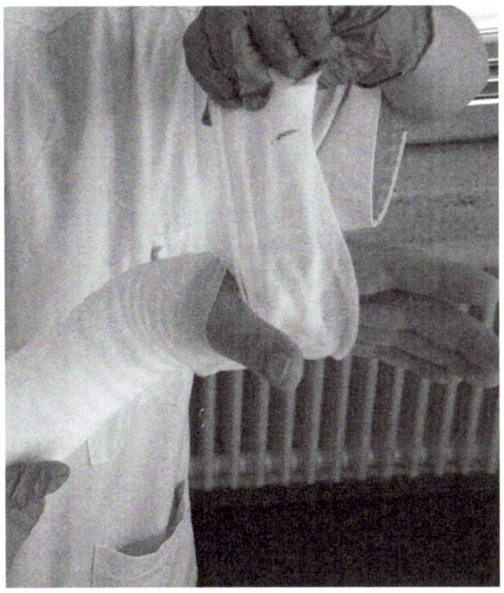

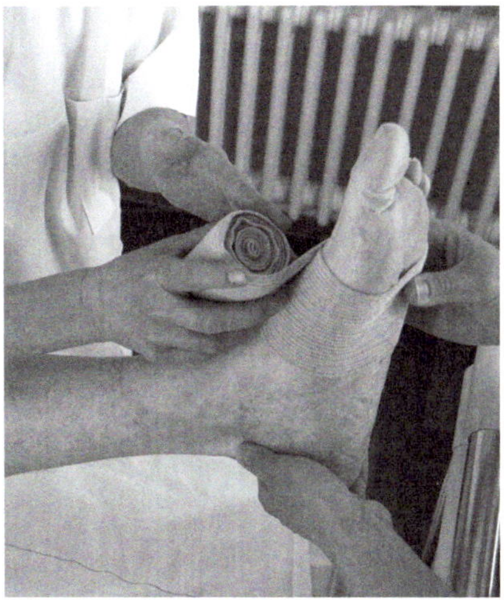

Diagnostik: Röntgen

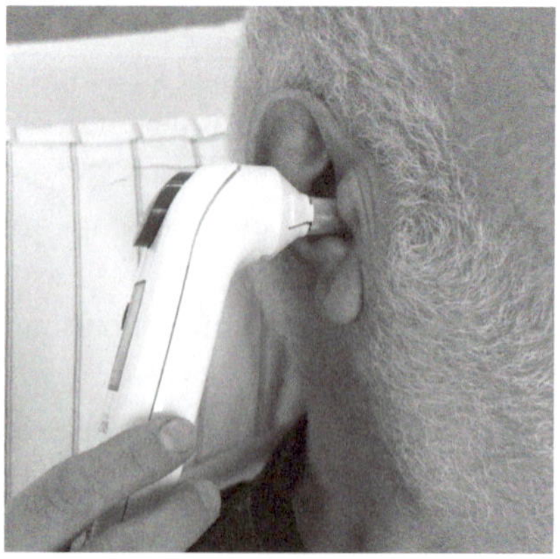

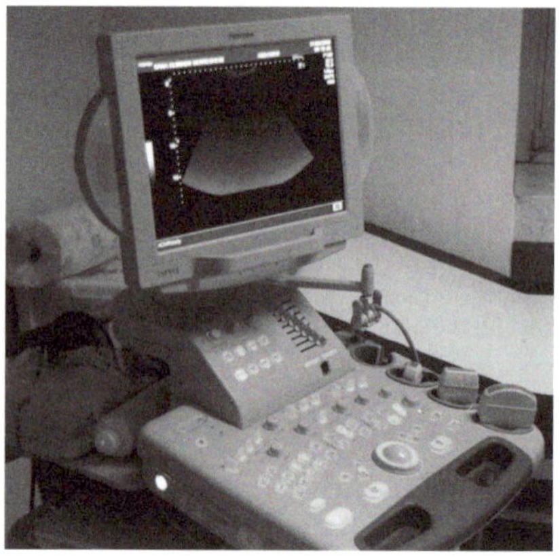

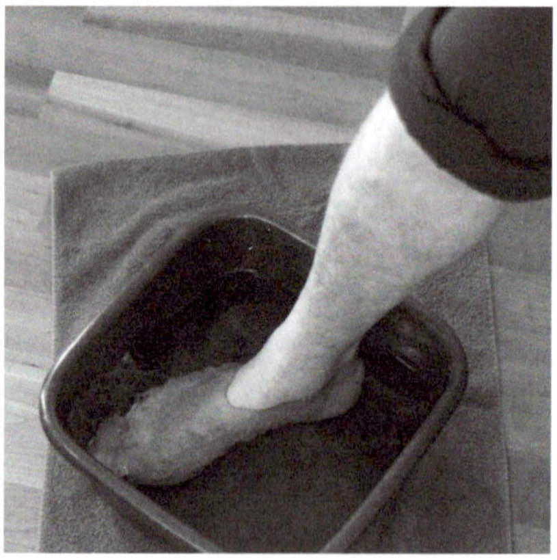

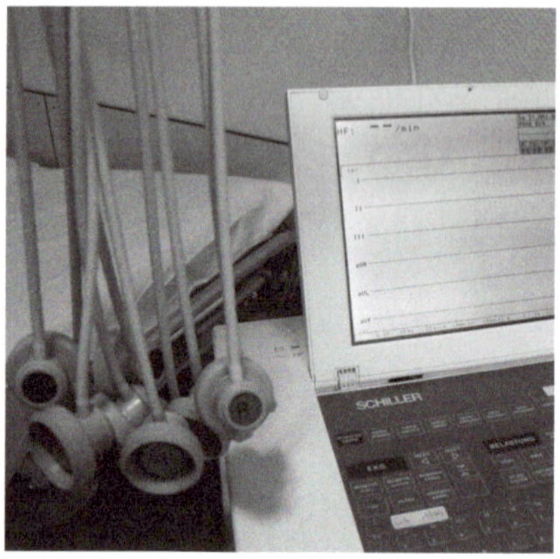

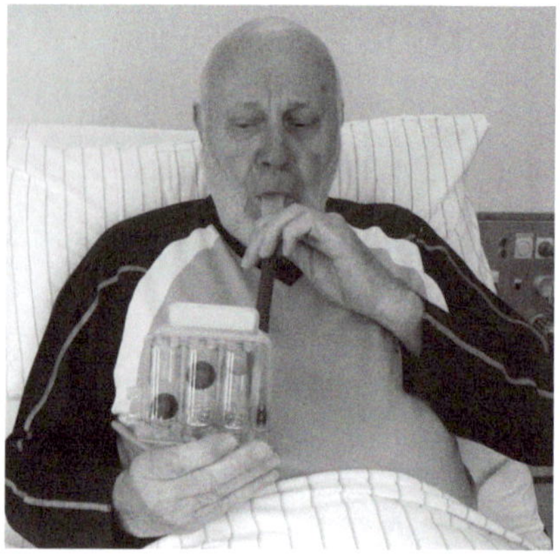

5a Ordnen Sie zu: *A* für Arzt, *P* für Patientin und *Sr* für Schwester.

A: Guten Morgen, Herr Evertz.

P: Guten Morgen, Herr Doktor.

A: Wie geht es Ihnen?

P: Mir geht es nicht so gut.

Sr: Herr Evertz war heute Nacht so tachykard.

A: Aha, er war tachykard.

P: Was habe ich letzte Nacht getan?

Sr: Sie hatten Herzrasen.

P: Ach, so.

A: Hat Herr Evertz denn über Angina Pectoris geklagt?

P: Wie bitte?

A: Haben Sie einen Druck auf der Brust gehabt?

P: Nein, das war vor zwei Tagen zum letzten Mal.

A: Wir schreiben Ihnen trotzdem gleich ein EKG. – Schwester Svetlana, rufen Sie bitte im EKG an.

___ : O.K.

___ : Und wir müssen zweistündlich Blutdruck und Puls kontrollieren.

___ : Ja, das machen wir.

___ : Ist denn heute Morgen Labor gelaufen?

___ : Moment, das sehe ich nach.

___ : Herr Evertz, ist bei Ihnen heute Morgen Blut abgenommen worden?

___ : Ja, da war jemand bei mir.

___ : Dann sehen Sie bitte nach, ob wir schon die Laborwerte von heute Morgen haben.

___ : Ja, ich sehe gleich nach.

___ : Herr Evertz, ich komme später noch mal zu Ihnen, wenn wir die Ergebnisse haben.

___ : Danke, Herr Doktor.

___ : Bis gleich.

5b Hören Sie noch einmal zur Kontrolle. 2.18

5c Was sagt der Arzt zur Krankenschwester? Was sagt er zum Patienten?

Arzt – Krankenschwester	*Arzt – Patient*
Wir machen einen Röntgen-Thorax.	*Wir röntgen Ihre Lunge.*
Er war tachykard.	*Sie hatten Herzrasen.*
...	*....*

6 Vergleichen Sie den Dialog in Aufgabe 5 mit den Eintragungen auf Seite 86: Was ist typisch für Eintragungen?

viele Abkürzungen	☐	wenige Abkürzungen	☐
ausführlich	☐	knapp	☐
unvollständige Sätze	☐	vollständige Sätze	☐

7a Hören Sie das Visitengespräch zwischen Herrn Dr. Stahl und Herrn Thorn und dokumentieren Sie (S. 89/90). Verwenden Sie für den Pflegebericht einen dieser Sätze: 2.19

Pat. war sehr unruhig, ist aus dem Bett gefallen, Arzt informiert – Pat. konnte nicht schlafen, hatte Husten – offene Stelle an der rechten Ferse

Datum	Arzt	**Anordnungen** von Untersuchungen, Therapien und Eingriffen	Hz.

durchgeführte Diagnostik / Konsile:

Datum	Arzt	**Pflegemaßnahmen**	Datum	Uhrz.	Hz.

Datum	Uhrz.	**Pflegebericht –** Verlaufsbeschreibung Krankenbeobachtung	Hz.

2.20

7b **Schreiben Sie in Ihr Heft für 2 weitere Patienten jeweils 4 Spalten: Anordnungen, durchgeführte Diagnostik/Konsile, Pflegemaßnahmen und Pflegebericht.**
Hören Sie die Dialoge 2 und 3 und schreiben Sie die Eintragungen. Verwenden Sie für die Pflegeberichte Sätze aus Aufgabe 7a.

Die Übergabe

2.22

8a **Hören Sie: Wer wird entlassen? Wer ist gestorben? Wer ist verwirrt?**

8b Lesen Sie: Welcher Pflegebericht / Welche Pflegemaßnahmen passen zu welchem Patienten?

Pat. nachts verwirrt	Frau Schmitz
Fieber, 4 stdl. Temp.kontr., Eis Leiste	Herr Meier
Heute E, VW, Medikamente mitgeben	Herr Rose
Mob., Waschen am Waschbecken	Herr Schröder
Pat. hat sehr starke Schmerzen. Schmerztropf?	Herr Grandi

Sr. Susanne: Herr Meier in der 15 wird heute entlassen. Fragt bitte, ob die Entlassungspapiere fertig sind. Wechselt bitte vorher den Verband am linken Bein.
Pfl. Achim: Müssen wir ihm Medikamente mitgeben?
Sr. Susanne: Ja, gebt ihm bitte die Medikamente für das Wochenende mit, er geht erst Montag zum Hausarzt. Er wird um 11 Uhr von seiner Tochter abgeholt. – Zimmer 16: Herrn Rose geht es nicht gut. Macht bitte alle vier Stunden Temperaturkontrolle, heute Nacht hatte er 38^9 Temperatur, um 6 Uhr 39^9. Herr Dr. Stahl war um 5.30 Uhr bei ihm. Er soll Eispackungen in die Leiste bekommen.
Pfl. Achim: Wie geht es Frau Schulze?
Sr. Susanne: Sie ist vorletzte Nacht gestorben. Ihr Mann und ihr Sohn waren bei ihr.
Pfl. Achim: Das ist ja traurig. – Aber wie gut, dass sie nicht alleine war.
Sr. Susanne: Zimmer 18: Herr Schröder hat sehr starke Schmerzen, ich habe ihm um 4 Uhr Schmerzmittel nach Plan gegeben. Fragt bitte, ob er einen Schmerztropf bekommen soll.
Sr. Svetlana: Gut, das mache ich gleich.
Sr. Susanne: Herr Grandi ist nachts verwirrt. Er soll Bettgitter an sein Bett bekommen. Frau Schmitz in der 20 wird jetzt mobilisiert, sie darf sich am Waschbecken waschen.

9 Was sagt das Pflegepersonal bei der Übergabe in Aufgabe 8b? Tragen Sie ein.

Pflegepersonal

Herr ... wird heute entlassen.

Fragt bitte, ob ...

10a Hören Sie die Übergabe. Notieren Sie die Informationen: Patientennamen, Probleme und Tätigkeiten, die Sie durchführen müssen. 2.23

22: H. Pusche

10b **Geben Sie Ihrem Partner die Übergabe über zwei Patienten. Danach gibt Ihr Partner Ihnen die Übergabe über die anderen beiden Patienten.**

11 **Was können Sie bei der Übergabe über die Patienten auf den Fotos sagen? Überlegen Sie sich Probleme und Krankheiten, die die Patienten haben könnten.**

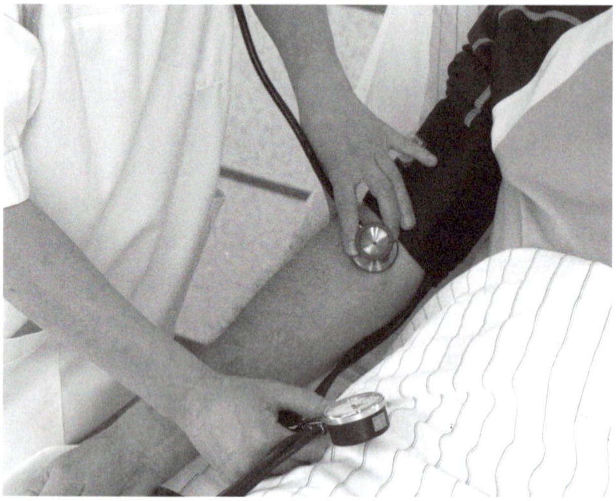

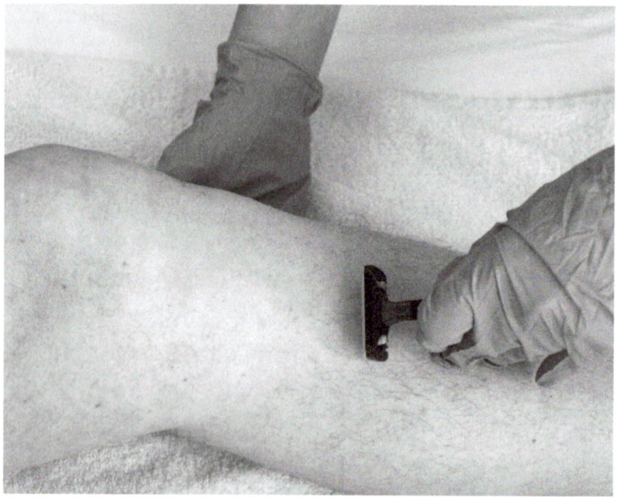

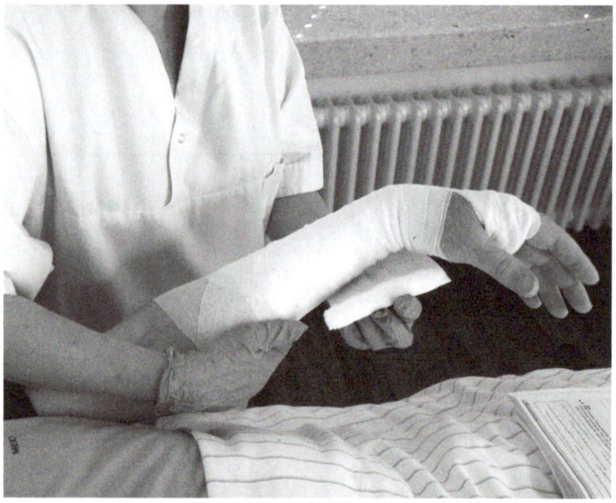

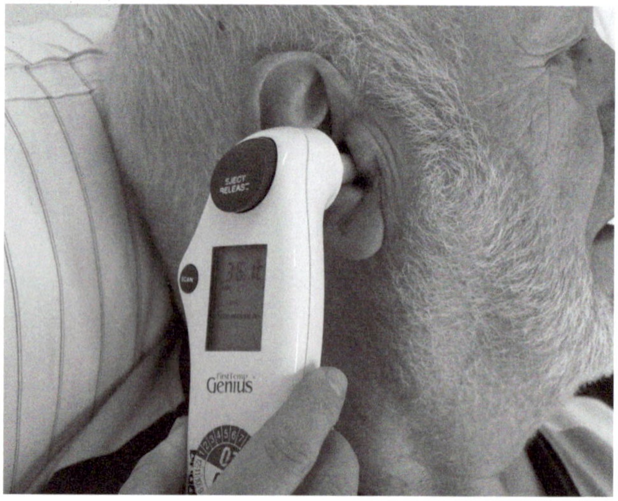

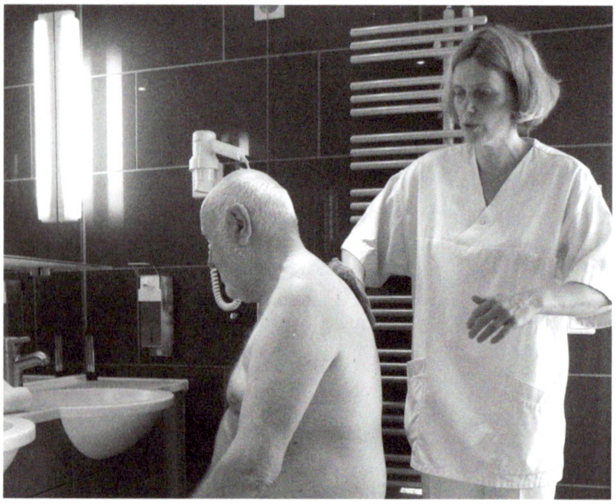

Wiederholungsspiel Kapitel 6 bis 9. Spielen Sie.
Bei richtiger Antwort gehen Sie einen Schritt vor, bei falscher Antwort zwei Schritte zurück.

START 	Vor der Operation leitet die Ärztin die Narkose _____.	i. v. = ______________	die Trachea = ______________
Visite: Ihre Anordnung: *3 x tgl. Temperaturkontrolle.* Was sagen Sie zum Krankenpfleger?	die Zystitis = ______________	Visite: Erklären Sie dem Patienten „tachykard".	Visite: Sagen Sie dem Patienten das deutsche Wort für „Appendizitis".
Übergabe: Fragt bitte, _____ er ein EKG bekommen soll.	die Hepatitis = ______________	Visite: Sprechen Sie mit dem Patienten, er hat Schmerzen. Ordnen Sie einen Schmerztropf an.	Nach der OP leitet die Anästhesistin die Narkose _________.
s. c. = ______________	Visite: Sie sind der Arzt. Sprechen Sie mit dem Patienten (Sie planen ein EKG und Laborkontrolle).	Nennen Sie 3 pflegerische Maßnahmen.	Visite: Sie sind der Arzt. a) Sprechen Sie mit dem Pfleger – ordnen Sie einen Rö-Thorax an. b) Sprechen Sie mit dem Patienten.
i. m. = ______________	Abkürzung für Hämoglobin = _____ oder _____	der DK = ______________	Nennen Sie 3 Maßnahmen von Diagnostik/Konsile.
Lesen Sie: Er hat die Blutgruppe 0 Rh +.	das Ulcus ventriculi = ______________	Visite: Sie sind die Ärztin. Ordnen Sie 2-stündliche RR u. P-Kontrolle an.	die Pneumonie = ______________
Übergabe: Berichten Sie Ihren Kollegen über Herrn Möller (VW Bein, Temp.kontrolle).	Sagen Sie dem Patienten seine Werte: RR 115/95, Puls 96, Temperatur 39^5.	Visite: Ihre Anordnung: *Morgen Gastroskopie.* Was sagen Sie zum Patienten?	**ZIEL**

Grammatik

Passiv und Satzklammer

Aussagesatz		**Position 2**		**Ende**
	Herr Meier	wird	heute	entlassen.
W-Frage		**Position 2**		**Ende**
	Wann	wird	Herr Meier	entlassen?
Ja-Nein-Frage	**Position 1**			**Ende**
	Wird	Herr Meier heute		entlassen?

Passiv: Formen

Passiv Präsens: Hilfsverb „werden" + Partizip II.

Konjugation von „werden":

ich	werde
du	wirst
Sie	werden
er/es/sie	wird
wir	werden
ihr	werdet
Sie	werden
sie	werden

Passiv Perfekt

Ist	Blut abgenommen	worden?
Hilfsverb sein +	Partizip II +	„worden"

Passiv und Modalverben

Frau Schmitz	muss	heute	mobilisiert	werden.
	Modalverb +		Partizip II +	Hilfsverb „werden"

Passiv: Funktion

Wenn wichtig ist, **wer etwas macht**, verwendet man das Aktiv:
Dr. Stahl untersucht Frau Krüger.
Wenn wichtig ist, **was gemacht wird**, verwendet man das Passiv:
Frau Krüger wird untersucht.
Das Passiv braucht man auch, wenn man die handelnde Person nicht nennen möchte:
Hier ist ein Fehler gemacht worden.

Passiv und handelnde Personen

Wird im Passivsatz die handelnde Person doch genannt, dann mit „von“ + Dativ.

Herr Meier	wird	von seiner Tochter	abgeholt.
Subjekt		„von“ + Dativ	

Passiv bei Verben mit Dativergänzung

Aktivsatz

Svetlana	wechselt	Herrn Müller	den Verband.
Subjekt		Dativergänzung	Akkusativergänzung

Passivsatz

Herrn Müller	wird	(von Svetlana)	der Verband	gewechselt.
Dativergänzung		„von“ + Dativ	Subjekt	

12 Bilden Sie aus den Aktivsätzen Passivsätze.

1. Dr. Stahl untersucht Frau Walter.
2. Dr. Kupka operiert Frau Schulz.
3. Schwester Svetlana informiert den Pflegedienst.
4. Pfleger Achim mobilisiert Frau Schulz.
5. Die MTA röntgt Herrn Gellert.

1. Frau Walter wird (von Dr. Stahl) untersucht.

13 Was muss alles gemacht werden? Bilden Sie Passivsätze mit Modalverben.

1. Frau Schmitz – mobilisieren
2. Herr Gellert – röntgen
3. Der Verband von Frau Wächter – wechseln
4. Die Wunde von Frau Wächter – fotografieren
5. Bei Herrn Müller – Blutdruck kontrollieren
6. Bei Herrn Rose – Temperatur kontrollieren
7. Bei Frau Salieri – ein EKG – schreiben
8. Herr Klein – untersuchen
9. Frau Huber – auf die Intensivstation – verlegen
10. Die Angehörigen von Frau Huber – informieren

1. Frau Schmitz muss mobilisiert werden.

Das Kreislaufsystem

1 Ordnen Sie zu.

das Herz

Organe: der Darm, die Niere, die Leber, die Lunge

linker Vorhof

Teile des Herzens: die rechte Vorhof, die rechte Kammer, die linke Kammer

die Lungenvene

Gefäße: die Lungenarterie, die Lungenkapillaren

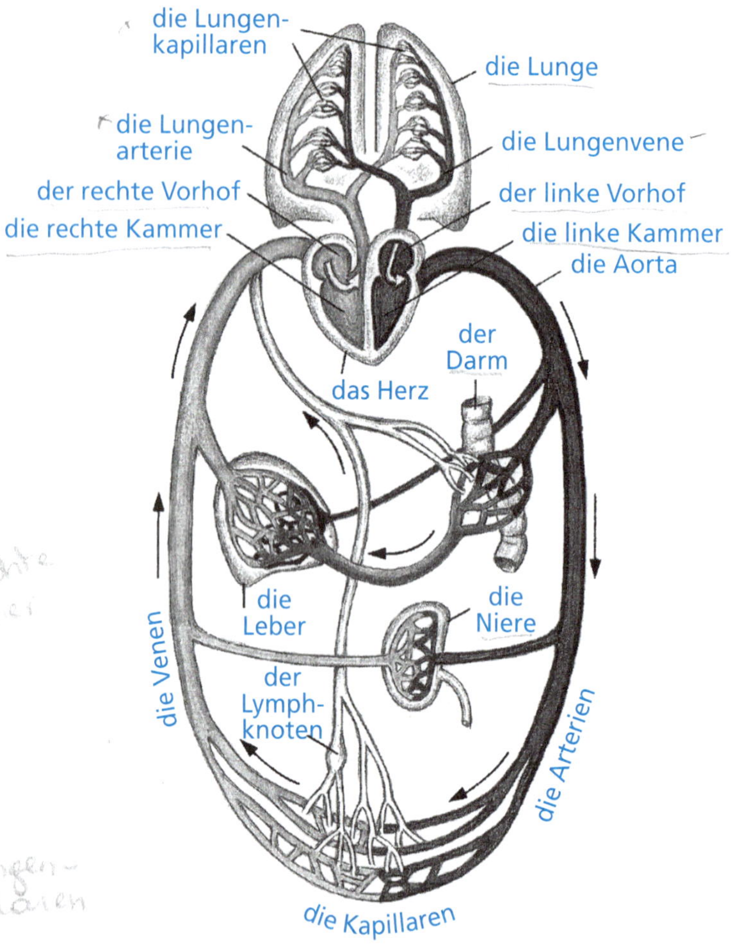

Der Beipackzettel

2 Tragen Sie die Überschriften aus dem Beipackzettel ein.

Es wird bei folgenden Krankheiten/Symptomen verabreicht (= Indikation).	*Anwendungsgebiete*
Es kann zu folgenden unerwünschten Wirkungen kommen.	
Es ist zusammengesetzt aus folgenden Inhaltsstoffen.	
Es kann zusammen mit anderen Medikamenten zu einer Veränderung der Wirkung führen.	
Es darf bei folgenden Krankheiten nicht angewendet werden (= Kontraindikation).	
Es soll auf folgende Art und Weise eingenommen werden.	
Es soll in folgender Menge eingenommen werden.	

Gebrauchsinformation

ASPIRIN® 100

Wirkstoff: Acetylsalicylsäure

1 **Zusammensetzung**
1 Tablette enthält: 0,1 g Acetylsalicylsäure.

2 **Anwendungsgebiete**
Schmerzen, wie Kopf-, Zahn-, Muskel- oder Gelenkschmerzen, Schmerzen nach Verletzungen, Entzündungen, Fieber.

Hinweis:

ASPIRIN 100 soll jedoch bei Kindern und Jugendlichen mit fieberhaften Erkrankungen wegen des möglichen Auftretens eines Reye-Syndroms nur auf ärztliche Anweisung und nur dann angewandt werden, wenn andere Maßnahmen nicht wirken.

ASPIRIN 100 soll längere Zeit oder in höheren Dosen nicht ohne Befragen des Arztes angewandt werden.

3 **Gegenanzeigen**
ASPIRIN 100 darf nicht angewandt werden bei Magen- und Zwölffingerdarmgeschwüren oder bei krankhaft erhöhter Blutungsneigung.

ASPIRIN 100 sollte nur nach Befragen des Arztes angewandt werden bei gleichzeitiger Therapie mit gerinnungshemmenden Arzneimitteln (z.B. Cumarinderivate, Heparin), bei Glucose-6-Phosphatdehydrogenasemangel, bei Asthma oder bei Überempfindlichkeit gegen Salicylate, andere Entzündungshemmer/Antirheumatika oder andere allergene Stoffe, bei chronischen oder wiederkehrenden Magen- oder Zwölffingerdarmbeschwerden oder bei vorgeschädigter Niere, in der Schwangerschaft, insbesondere in den letzten drei Monaten.

Hinweis:

Patienten, die an Asthma, Heuschnupfen, Nasenschleimhautschwellung (Nasenpolypen) oder chronischen Atemwegsinfektionen (besonders gekoppelt mit heuschnupfenartigen Erscheinungen) leiden und Patienten mit Überempfindlichkeit gegen Schmerz- und Rheumamittel aller Art sind bei Anwendung von ASPIRIN 100 durch Asthmaanfälle gefährdet (sog. Analgetika-Intoleranz/Analgetika-Asthma). Sie sollten vor Anwendung den Arzt befragen. Das gleiche gilt für Patienten, die auch g
gisch) reagieren wie z.B. mit Hautreaktionen, J

ASPIRIN 100 sollte bei Kindern und Jugendlich
ärztliche Anweisung und nur dann angewand
wirken.

Sollte es bei diesen Erkrankungen zu lang anha
ein Zeichen des Reye-Syndroms, einer sehr s
Krankheit sein, die unbedingt sofortiger ärztlic

Wird während längerer Anwendung von ASPIF
so ist der Arzt zu benachrichtigen. Bei regelmä
zeit sollte ein frühzeitiges Abstillen erwogen w

4 **Folgende Nebenwirkungen können auftreten:**
Magenbeschwerden, Magen-Darm-Blutverluste;
(Bronchospasmus, Hautreaktionen); sehr selten ein
bozytopenie).

Hinweis:

Bei häufiger und längerer Anwendung kann es in seltenen Fällen zu schweren Magenblutungen kommen. Bei Auftreten von schwarzem Stuhl (Teerstuhl) ist sofort der Arzt zu benachrichtigen. In Ausnahmefällen kann nach längerer Anwendung von ASPIRIN 100 eine Blutarmut durch verborgene Magen-Darm-Blutverluste auftreten. Schwindel und Ohrenklingen können besonders bei Kindern und älteren Patienten Symptome einer Überdosierung sein. In diesen Fällen ist der Arzt zu benachrichtigen. Bei Überschreitung der empfohlenen Dosierung können die Leberwerte (Transaminasen) ansteigen.

5 **Wechselwirkungen mit anderen Mitteln**
Erhöht werden
- die Wirkung gerinnungshemmender Arzneimittel (z.B. Cumarinderivate und Heparin)
- das Risiko einer Magen-Darm-Blutung bei gleichzeitiger Behandlung mit Kortikoiden
- die Wirkungen und unerwünschten Wirkungen aller nicht steroidalen Rheumamittel
- die Wirkung von blutzuckersenkenden Arzneimitteln (Sulfonylharnstoffen)
- die unerwünschten Wirkungen von Methotrexat.

Vermindert werden die Wirkungen von
- Spironolacton
- Furosemid
- harnsäureausscheidenden Gichtmitteln.

ASPIRIN 100 sollte daher nicht zusammen mit einem der oben genannten Mittel angewandt werden, ohne daß der Arzt ausdrücklich die Anweisung gegeben hat.

6 **Dosierung**
Soweit nicht anders verordnet, wird bei Fieber und Schmerzen die Einzeldosis im allgemeinen dem Alter des Kindes angepaßt und, falls erforderlich, bis zu 3mal täglich gegeben:

Alter	Einzeldosis
unter 2 Jahre	– nach ärztlicher Verordnung
2–3 Jahre	– 1 Tablette
4–6 Jahre	– 2 Tabletten
7–9 Jahre	– 3 Tabletten

Bei mehr als 3 Tabletten pro Einzeldosis empfiehlt sich die Anwendung von "ASPIRIN plus C"-Brausetabletten oder ASPIRIN-Tabletten.

7 **Art der Anwendung**
Bei Kleinkindern empfiehlt es sich, die Tabletten in einem Teelöffel Flüssigkeit zerfallen zu lassen oder sie den Speisen beizumischen. Die Tabletten können auch gelutscht werden.

Hinweis:

ASPIRIN 100 soll nach Ablauf des angegebenen Verfallsdatums nicht mehr angewandt werden.

Arzneimittel für Kinder unzugänglich aufbewahren!

Bayer Leverkusen

677154/839/L653/F168b

3 **Wie sehen Beipackzettel bei Ihnen aus? Was ist bei deutschen Beipackzetteln anders?**

4 Was ist richtig?

Nitrolingual akut^R Spray wird gesprüht: ☐ in die Nase ☐ auf die Haut ☐ in den Mund;
soll nicht angewendet werden bei: ☐ Überempfindlichkeit gegen Glyceroltrinitrat ☐ sehr hohem Blutdruck;
wird verabreicht bei: ☐ Hypotonie ☐ grippalem Infekt ☐ Angina Pectoris.
Es kann zu folgenden Nebenwirkungen kommen: ☐ Kopfschmerzen ☐ Haarausfall ☐ Kreislaufkollaps.
Die Wirkung wird stärker bei gleichzeitiger Anwendung von: ☐ Heparin ☐ Insulin ☐ blutdrucksenkenden Präparaten.

Gebrauchsinformation: Information für den Anwender (Auszug)

Nitrolingual akut® Spray

0,4 mg/Sprühstoß, Spray zur Anwendung in der Mundhöhle
Wirkstoff: Glyceroltrinitrat (...)

1. Was ist Nitrolingual akut® Spray und wofür wird es angewendet?
Nitrolingual akut® Spray ist ein Arzneimittel zur Behandlung von Herzschmerzanfällen.
Nitrolingual akut® Spray wird angewendet:
- zur Behandlung von plötzlich auftretenden Herzschmerzen aufgrund von Durchblutungsstörungen in den Herzkranzgefäßen (akuter Angina pectoris Anfall),
- zur vorbeugenden Einnahme unmittelbar vor körperlichen Belastungen oder anderen Situationen, die erfahrungsgemäß anfallsartig auftretende Herzschmerzen (Angina pectoris Anfälle) auslösen können (Prophylaxe der Angina pectoris),
- bei akutem Herzinfarkt,
- bei akuter Herzmuskelschwäche mit eingeschränkter Funktion der linken Herzkammer (akute Linksherzinsuffizienz),
- bei katheterinduzierten Verengungen der Herzkranzgefäße (Koronarspasmen) während einer Koronarangiographie.

2. Was müssen Sie vor der Anwendung von Nitrolingual akut® Spray beachten?
Nitrolingual akut® Spray darf nicht angewendet werden:
- wenn Sie überempfindlich (allergisch) gegen Glyceroltrinitrat, andere Nitratverbindungen oder einen der sonstigen Bestandteile von Nitrolingual akut® Spray sind,
- bei akutem Kreislaufversagen (Schock, Kreislaufkollaps),
- bei durch Herzversagen ausgelöstem Schock (kardiogenem Schock), sofern nicht durch geeignete Maßnahmen ein ausreichend hoher Füllungsdruck im Herzen (linksventrikulärer, enddiastolischer Druck) gewährleistet ist,
- bei sehr niedrigem Blutdruck (ausgeprägter Hypotonie), d. h. systolischer Blutdruck unter 90 mmHg,
- bei Einnahme von bestimmten Arzneimitteln (Phosphodiesterasehemmer) zur Behandlung von Erektionsstörungen (erektile Dysfunktion) oder bestimmten Lungengefäßerkrankungen (pulmonale arterielle Hypertonie), da durch diese der blutdrucksenkende Effekt von Nitrolingual akut® Spray erheblich verstärkt werden kann. Beachten Sie als Patient mit koronarer Herzkrankheit daher die Anwendungsbeschränkungen solcher Arzneimittel oder sprechen Sie mit Ihrem Arzt darüber, bevor Sie solche Arzneimittel einnehmen. (...)

Bei Anwendung von Nitrolingual akut® Spray mit anderen Arzneimitteln:
Bitte informieren Sie Ihren Arzt oder Apotheker, wenn Sie andere Arzneimittel einnehmen/anwenden bzw. vor kurzem eingenommen/angewendet haben, auch wenn es sich um nicht verschreibungspflichtige Arzneimittel handelt.
Verstärkung der blutdrucksenkenden Wirkung durch
- andere gefäßerweiternde Mittel,
- blutdrucksenkende Präparate (z. B. Beta-Rezeptorenblocker, entwässernde Arzneimittel, Kalziumantagonisten, ACE-Hemmer),
- Arzneimittel gegen seelische Erkrankungen wie Depressionen sowie Neuroleptika,
- Alkohol, (...)

3. Wie ist Nitrolingual akut® Spray anzuwenden?
Wenden Sie Nitrolingual akut® Spray immer genau nach der Anweisung des Arztes an. Bitte fragen Sie bei Ihrem Arzt oder Apotheker nach, wenn Sie sich nicht ganz sicher sind. (...)
Art der Anwendung:
Die Sprühstöße werden in Abständen von etwa 30 Sekunden bei angehaltenem Atem in die Mundhöhle gesprüht, nicht inhaliert. (...)

4. Welche Nebenwirkungen sind möglich?
Wie alle Arzneimittel kann Nitrolingual akut® Spray Nebenwirkungen haben, die aber nicht bei jedem auftreten müssen. (...)
Sehr häufig können bei Behandlungsbeginn Kopfschmerzen ("Nitratkopfschmerzen") auftreten, die erfahrungsgemäß meistens nach einigen Tagen bei weiterer Einnahme abklingen. Häufig werden bei der Erstanwendung, aber auch bei einer Dosiserhöhung, ein Abfall des Blutdrucks und/oder Kreislaufregulationsstörungen bei Lagewechsel (orthostatische Hypotonie) beobachtet, die mit einer Erhöhung der Pulsfrequenz, Benommenheit sowie einem Schwindel- und Schwächegefühl einhergehen können.
Gelegentlich wurde beobachtet:
- Übelkeit, Erbrechen, flüchtige Hautrötungen (Flush) und allergische Hautreaktionen,
- Starker Blutdruckabfall mit Verstärkung der Herzschmerzen (Angina pectoris Symptomatik),
- Kollapszustände, häufig mit Herzrhythmusstörungen mit Verlangsamung der Pulsfrequenz und plötzlichem Bewusstseinsverlust. (...)

Pharmazeutischer Unternehmer:
G. POHL-BOSKAMP GmbH & Co. KG, Kieler Str. 11, 25551 Hohenlockstedt, Telefon: (0 48 26) 59-0, Telefax: (0 48 26) 59 109
Internet: www.pohl-boskamp.de, E-Mail: info@pohl-boskamp.de

220160001/1 ??/3/2008

5a Suchen Sie Unterschiede zwischen dem Beipackzettel in Aufgabe 4 und der Internetseite der Roten Liste[R].
Die **Rote Liste[R]** gibt es als Buch oder PC-Version. Hier finden Sie Fachinformationen über alle in Deutschland erhältlichen Medikamente.

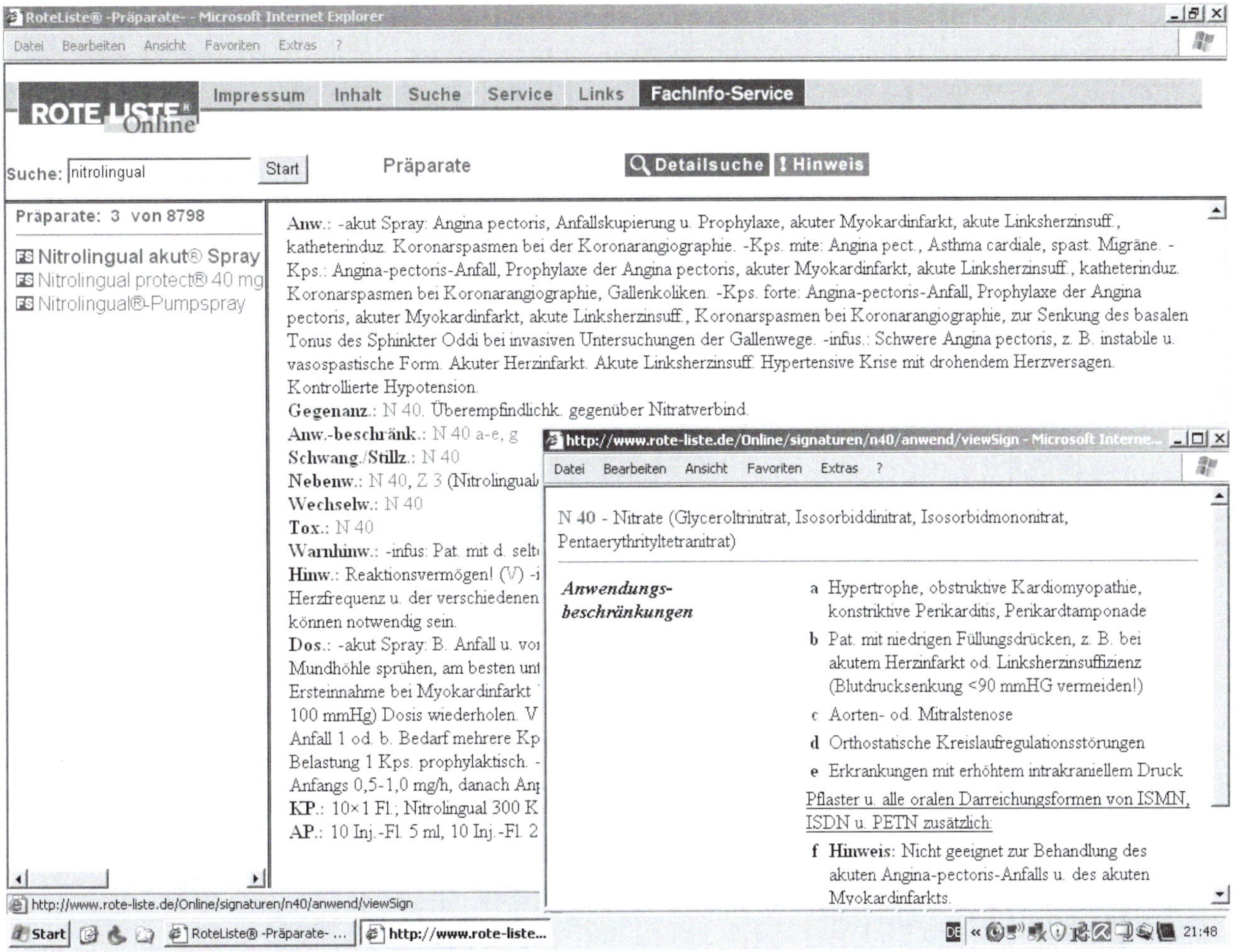

5b Wofür stehen die Abkürzungen? Aufgabe 2 hilft Ihnen.

Anw.-beschränk. = Anwendungsbeschränkungen, Gegenanz. = Gegenanzeigen, ...

5c Überlegen Sie im Kurs:

1. Wie finden Sie auf der Internetseite der Roten Liste[R] ein bestimmtes Medikament?
2. Wo finden Sie die Anwendungsgebiete des Medikaments?
3. Wie finden Sie Informationen zu Anwendungsbeschränkungen?

Anordnung von Medikamenten

2.24

6a Hören Sie: Welcher Hörtext passt zu welcher Anordnung?

A

Med. gerichtet	– ausgehändigt		Arzt
Med. eingegeben			
oral / rektal	Arzt		Arzt
		3x tgl. Mucosolvan Kindersaft 2,5 ml	
		L-Thyroxin 50 1-0-0	
		Curazink Kps. 0-0-1	
		Ben-u-ron 500 supp. b. B.	
		3 x tgl. Nasivin NT	

B

Med. gerichtet	– ausgehändigt		Arzt
Med. eingegeben			
oral / rektal	Arzt		Arzt
		Pantozol 40 1-0-0	
		ASS 100 1-0-0	
		Simvahexal Filmtbl. 1-0-0	
		Foradil Spray 1-0-1	
		Canifug Vag. supp. 0-0-1	
		1 x tgl. Clexane 40 s.c.	

C

Med. gerichtet	– ausgehändigt		Arzt
Med. eingegeben			
oral / rektal	Arzt		Arzt
		Atacand 8 mg 1-0-0	
		Beloc-Zok Herz 23,75 mg 0-0-1	
		Laif 900 1-0-0	
		Thromcardin 3 x 1	
		1 Tbl. Adumbran z. N.	
		Xalanthan AT z. N.	
Medikation			
m. s. c.			

Mündliche Anordnung
Wiederholen Sie die Medikation bei mündlicher Anordnung immer, um Fehler zu vermeiden. Wichtig sind der genaue Name des Medikaments und die Dosierung.

6b Wofür stehen die Abkürzungen in den Anordnungen? Einige Abkürzungen kennen Sie schon. Erklärungen für neue Abkürzungen finden Sie im Kasten.

> das Suppositorium (= Zäpfchen) • die Kapsel (-n) • die Filmtablette (-n) • die Augentropfen (Pl.) • die Tablette (-n) • die Nasentropfen (Pl.) • das Vaginalsuppositorium (= das Scheidenzäpfchen) • zur Nacht • bei Bedarf

Kps. = die Kapsel (-n)

2.26

7 Hören Sie: Notieren Sie die Anordnungen und verwenden Sie Abkürzungen.

__________ Adalat^{R}, __________ Provas^{R} __________, __________Novalgin^{R},
__________Tannosynt-Sitzbad^{R}, __________Otriven^{R}__________, __________ Aponal^{R} __________,
__________Vomex^{R} __________

2.27

8a Hören Sie: Warum ruft Dr. Kazanski an?

2.27

8b Hören Sie noch einmal und notieren Sie: Was ordnet Dr. Kazanski an?

8c Lesen Sie und vergleichen Sie Ihre Notizen.

Sr. Svetlana: Station 13, Schwester Svetlana.
Dr. Kazanski: Kazanski, guten Tag, Schwester Svetlana. Die Ambulanz schickt Ihnen gleich Frau Gerda Müller, eine neue Patientin. Weil ich sofort ins Herzkatheterlabor muss, gebe ich Ihnen eben die Medikation durch.
Sr. Svetlana: Gut, ich schreibe sie direkt auf. Ihr Name ist Gerda Müller?
Dr. Kazanski: Ja. Wenn sie Schmerzen hat, geben Sie ihr bitte 20 Novalgintropfen^{R}. Und Sie bekommt einmal eine Adalat^{R} Kapsel, weil sie hohen Blutdruck hat.
Sr. Svetlana: Bei Bedarf 20 Novalgintropfen^{R} und zweimal eine Adalat^{R}.
Dr. Kazanski: Einmal eine Adalat^{R} und zur Thromboseprophylaxe bekommt sie einmal täglich Clexane 20^{R} subcutan.
Sr. Svetlana: Also einmal eine Adalat und eine Clexane 20^{R} subcutan.
Dr. Kazanski: Ja, alles Weitere regle ich, wenn ich auf die Station komme. Bis dann.
Sr. Svetlana: Bis später.

8d Spielen Sie. Wiederholen Sie die Anweisungen bzw. fragen Sie nach.

Arzt/Ärztin	Pflegepersonal
Geben Sie bitte Frau Müller bei Bedarf 20 Tropfen Novalgin^{R}. Sie bekommt einmal eine Kapsel Adalat^{R}.	Gut, 20 Tropfen Novalgin^{R}, wenn sie über Schmerzen klagt. …

Darreichungsformen

9 Was passt? Ordnen Sie zu.

1. Die Nasentropfen
2. Das Scheidenzäpfchen
3. Die Kapsel und die Tablette
4. Das Dosieraerosol
5. Das Klistier
6. Der Saft und die Tropfen
7. Die Augensalbe
8. Das Zäpfchen
9. Die Salbe und die Creme
10. Die Ohrentropfen

A wird in den Po/After/Darm eingeführt.
B wird inhaliert.
C werden in die Nase gegeben.
D werden (oral) eingenommen.
E werden auf die Haut aufgetragen.
F wird in die Scheide eingeführt.
G werden in die Ohren gegeben.
H wird in das Auge gegeben.

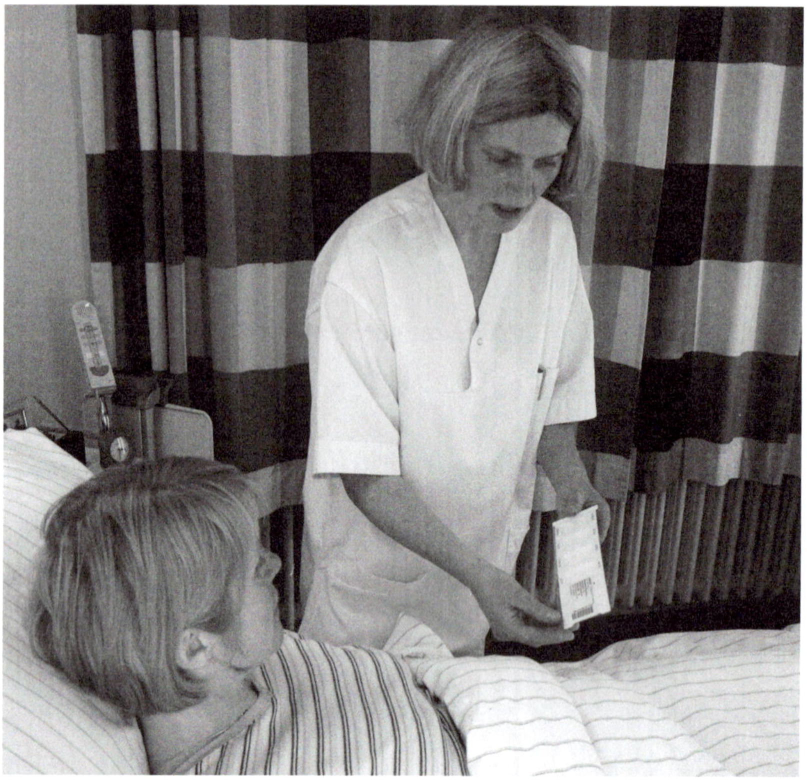

2.28

10 Hören Sie: Wofür/Wogegen sind die Medikamente?

11 Lesen Sie und ergänzen Sie Redemittel.

Sr. Svetlana: Guten Morgen, Frau Krüger. Hier sind Ihre Medikamente für heute.
Fr. Krüger: Vielen Dank. Wann soll ich die nehmen?
Sr. Svetlana: Ich erkläre Ihnen das. Die rote Kapsel nehmen Sie bitte, wenn Sie gegessen haben, also nach dem Mittagessen. Die ist für Ihr Herz.
Fr. Krüger: Und die kleine weiße?
Sr. Svetlana: Die nehmen Sie bitte morgens eine halbe Stunde vor dem Frühstück, die ist für Ihre Schilddrüse. Und hier die dicke weiße Tablette ist gegen Ihren Juckreiz, die sollten Sie vor dem Essen mit reichlich Flüssigkeit nehmen.
Fr. Krüger: Warum muss ich diese Tablette hier nehmen?
Sr. Svetlana: Weil Sie hohen Blutdruck haben, sie soll den Blutdruck senken. Wenn Sie weitere Fragen dazu haben, fragen Sie bitte bei der Visite. Dann kann Frau Dr. Kazanski Ihnen das erklären.
Fr. Krüger: Ja, das mache ich.
Sr. Svetlana: Hier ist die Augensalbe, die gibt die Nachtschwester Ihnen heute Abend ins Auge, damit Ihre Bindehautentzündung weggeht. – Und hier sind Ihre Zäpfchen, die führen Sie bitte in den Po ein. Die sind gegen die Hämorrhoiden. Wenn Sie das allein nicht schaffen, helfe ich Ihnen gern.

Patient/in	Arzt/Ärztin/Pflegepersonal
Ich kann immer so schlecht einschlafen. Ich habe schlimme Kopfschmerzen. ...	Die Tropfen bekommen Sie, weil ... Die rote Kapsel nehmen Sie bitte, wenn Sie gegessen haben. ...

12a Sammeln Sie im Kurs Symptome und Krankheiten.

12b Spielen Sie Arzt/Ärztin/Krankenschwester und Patient/in. Erklären Sie mit den Begriffen aus Aufgabe 12a und den Redemitteln aus Aufgabe 11 Einnahme und Anwendungsgebiet der Medikamente.

2-mal 2 rote Kapseln 1 Tbl. vor dem Frühstück abends 1 Vaginalsupp.	3-mal tgl. Ohrentropfen vor dem Essen 1 Esslöffel Saft; z. N. 1 kleine Tbl.	Nach dem Essen 1 Tbl. 3-mal tgl. Nasentropfen 3-mal 1 Zäpfchen
z. N. ½ Tablette 3-mal tgl. Augensalbe	Alle 2 Stunden 4 ml Saft 1 x Clexane 20 s. c.	50 ml als Kurzinfusion 3-mal ½ Tbl. zur Mahlzeit

Aussprache

2.29

13 Organe und Gefäße: Hören Sie und sprechen Sie nach.

das Herz, die Lunge, der Darm, der Magen, die Leber, die Niere
die Venen, die Arterien, die Aorta, die Lungenarterie, die Lungenvene
die Kapillaren, die Lungenkapillaren, die Lymphgefäße

2.30

14 Dosierung und Medikamentengabe: Hören Sie und sprechen Sie nach.

dreimal täglich vierstündlich dreimal eine zweimal zwei einmal eine
27,5 mg 23,75 mg 8 mg 900 500 50 µg 2,5 ml 5.000 Einheiten
bei Bedarf zur Nacht nüchtern nach dem Essen zur Mahlzeit mit reichlich Flüssigkeit
subcutan intravenös intramuskulär

2.31

15 Schwierige Wörter aussprechen: Medikamente.

Zäpfchen	jetzt ein Zäpfchen	Sie bekommen jetzt ein Zäpfchen.
Inhalationsspray	morgens und abends das Inhalationsspray	

Bitte nehmen Sie morgens und abends das Inhalationsspray.

Augensalbe	jetzt Augensalbe	Sie bekommen jetzt Augensalbe.
Tablette	nehmen Sie bitte die Tablette	

Vor dem Frühstück nehmen Sie bitte die Tablette.

16 Schreiben Sie weitere schwierige Wörter und Sätze. Üben Sie im Kurs.

Schilddrüse *für Ihre Schilddrüse* *Die Tablette ist für Ihre Schilddrüse.*

Grammatik

Gründe angeben: Nebensätze mit „weil“

Hauptsatz	*warum?*	Nebensatz
Die Tablette bekommen Sie,		weil Sie hohen Blutdruck haben.

In Nebensätzen steht das Verb immer am Ende.

Bedingungen angeben: Nebensätze mit „wenn“

Hauptsatz	*unter welcher Bedingung?*	Nebensatz
Die rote Kapsel nehmen Sie bitte,		wenn Sie gegessen haben.

Nebensatz vor Hauptsatz: Verbposition

Wenn der Nebensatz vor dem Hauptsatz steht, beginnt der Hauptsatz mit dem Verb.

Nebensatz	Hauptsatz
Wenn Sie weitere Fragen dazu haben,	fragen Sie bitte die Ärztin bei der Visite.

17 Begründungen: Schreiben Sie die Sätze.

1. bekommen – die Tablette – Sie – weil – hohen Blutdruck – haben – Sie
2. nicht mehr – Sie – die roten Kapseln – bekommen – weil – ausprobieren – ein anderes Medikament – wir
3. weil – haben – Sie – eine Bindehautentzündung – gibt – Ihnen – Augensalbe – ins Auge – die Schwester
4. brauchen – für die Operation – wir – die Röntgenbilder – weil – röntgen – Sie – wir
5. Sie – tragen – die Antithrombosestrümpfe – müssen – liegen – Sie – weil – viel – müssen

Sie bekommen die Tablette, weil Sie hohen Blutdruck haben.
Weil Sie hohen Blutdruck haben, bekommen Sie die Tablette.

18 Ergänzen Sie die Begründungen.

1. Wir schreiben ein EKG, weil …
2. Wir messen Ihnen die Temperatur, weil …
3. Sie dürfen nicht aufstehen, weil …
4. Sie bekommen die Tropfen, weil …
5. Sie werden auf Insulin eingestellt, weil …
6. Sie müssen Diät halten, weil ….

19 Warum? Antworten Sie auf die Fragen der Patienten. Üben Sie dann zu zweit mit eigenen Sätzen weiter.

1. Warum werde ich geröntgt?
2. Warum muss ich operiert werden?
3. Warum bekomme ich die Tropfen?
4. Warum darf ich noch nicht aufstehen?
5. Warum muss ich Diät halten?
6. Warum muss ich diese Tabletten nehmen?
7. Warum muss ich immer noch die Antithrombosestrümpfe tragen?
8. Warum kann ich noch nicht nach Hause gehen?
9. …

20 In welchem Satz steht die Bedingung? Markieren Sie und verbinden Sie die Sätze mit „wenn". Üben Sie dann zu zweit mit eigenen Sätzen weiter.

1. Sie haben weitere Fragen. Sie fragen bei der Visite.
2. Sie haben gegessen. Sie nehmen die weiße Tablette.
3. Sie brauchen mich. Sie klingeln.
4. Sie schaffen das nicht allein. Sie rufen mich.
5. Sie sind mit dem Waschen fertig. Sie legen sich wieder ins Bett.
6. Sie haben den Aufklärungsbogen gelesen. Sie unterschreiben ihn bitte.
7. …

1. Fragen Sie bitte bei der Visite, wenn Sie weitere Fragen haben.

21 Schreiben Sie die Sätze aus Übung 20 mit vorangestelltem Nebensatz.

1. Wenn Sie weitere Fragen haben, fragen Sie bitte bei der Visite.

22 Sie haben eine neue Patientin. Sie hat einen Nierentumor und wird morgen operiert. Sprechen Sie mit ihr. Verwenden Sie dabei Bedingungs- und Begründungssätze.

Sonographie • OP • Ultraschall • Befund kontrollieren • CT • Blut abnehmen
auf die Station kommen • im Zimmer bleiben • Anästhesist kommt • …

Gehen Sie bitte zur Sonographie. Wir müssen vor der Operation noch einen Ultraschall machen, weil …

Telefonate mit Angehörigen

2.32

1a Hören Sie: Wer ruft an? Welche Fragen hat die Angehörige?

1b Lesen Sie noch einmal und ergänzen Sie die Antworten von Schwester Naomi.

den Umständen entsprechend • Geben Sie mir bitte Ihre Telefonnummer • auf der Station ist • kann ich Ihnen helfen • operiert worden • C4, Schwester Naomi

Sr. Naomi: ____________________.

Fr. Koch: Guten Tag, Schwester Naomi. Koch ist mein Name. Ich möchte bitte mit der Stationsärztin sprechen.

Sr. Naomi: Guten Tag, Frau Koch. Es tut mir sehr leid, Frau Dr. Becker ist noch im OP. Vielleicht __________ ____?

Fr. Koch: Ich wollte hören, wie es meiner Mutter, Frau Schmitz, geht.

Sr. Naomi: Ihrer Mutter geht es ____________________ ____________________, im Moment schläft sie.

Fr. Koch: Was ist denn jetzt bei ihr genau gemacht worden?

Sr. Naomi: Sie ist gestern ____________________ ______________. Aber Genaueres müssten Sie bitte mit Frau Dr. Becker besprechen. Ich kann Ihnen jetzt leider noch nicht sagen, wann sie wieder erreichbar ist. ____ __________, sie ruft Sie dann später zurück.

Fr. Koch: Gut, meine Telefonnummer ist 0211-34641.

Sr. Naomi: Könnten Sie die Nummer bitte langsam wiederholen?

Fr. Koch: 0211-34641.

Sr. Naomi: 0211-34641. Gut, Frau Dr. Becker ruft sie dann zurück, sobald sie wieder ____________________ ____________________. Auf Wiederhören!

Fr. Koch: Auf Wiederhören!

Am Telefon

Nennen Sie am Telefon immer Ihre Station / Ihre Abteilung und Ihren Namen:
C4, Schwester Naomi.
Wenn Sie aus der Klinik nach draußen telefonieren, nennen Sie auch den Namen Ihrer Klinik:
Talklinik Duisburg, Innere Abteilung, Dr. Stahl.

2.33

2a Hören Sie: Was möchte Frau Koch wissen?

2b Lesen Sie und ergänzen Sie die Tabelle mit Redemitteln aus Aufgabe 1.

Fr. Koch: Koch.
Dr. Becker: Guten Tag, Frau Koch. Hier ist Dr. Becker, chirurgische Abteilung, Klinikum Düsseldorf Mitte. Sie sind die Tochter von Frau Schmitz?
Fr. Koch: Ja, die bin ich. Vielen Dank, dass Sie zurückrufen.
Dr. Becker: Das ist doch selbstverständlich. Sie möchten sicher wissen, wie es Ihrer Mutter geht.
Fr. Koch: Ja, bitte.
Dr. Becker: Es geht ihr den Umständen entsprechend gut. Sie ist gestern operiert worden. Wir haben ihr wie geplant einen Teil des Dickdarms herausgenommen.
Fr. Koch: Und wie ist das Ergebnis?
Dr. Becker: Bleiben Sie bitte eben am Apparat, ich sehe im PC nach, ob wir das Ergebnis schon haben. – Hören Sie? Das Ergebnis ist leider noch nicht da. Könnten Sie bitte morgen um die gleiche Zeit anrufen? Dann müsste das Ergebnis da sein.
Fr. Koch: Ja, das mache ich. Kann ich meine Mutter denn heute schon besuchen?
Dr. Becker: Ja, das können Sie gerne tun.
Fr. Koch: Vielen Dank, ich rufe Sie dann morgen an.

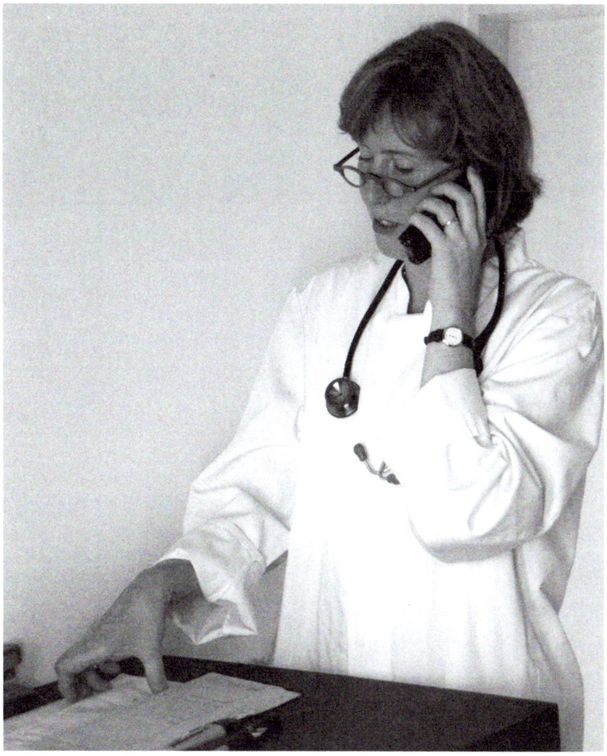

Dr. Becker: Gut, auf Wiederhören!
Fr. Koch: Auf Wiederhören!

Begrüßen	Nachfragen	Auskunft geben	Verabschieden
	Ist da die Ambulanz des Klinikums Düsseldorf Mitte? Spreche ich mit …?	Es geht ihm nicht so gut.	Tschüss.

Am Telefon
Fragen Sie immer nach, mit wem Sie sprechen.

2.34

3 Hören Sie: Höflich ☺ oder unhöflich ☹?

	höflich	unhöflich		höflich	unhöflich
1.	☐	☐	5.	☐	☐
2.	☐	☐	6.	☐	☐
3.	☐	☐	7.	☐	☐
4.	☐	☐	8.	☐	☐

TIPP

So klingen Ihre Fragen und Informationen höflicher:

Geben Sie mir **bitte** …
Könnte ich …
Entschuldigung. Können Sie das bitte wiederholen?
Es tut mir leid, Dr. Stahl ist in einer Besprechung.
Dr. Stahl ist **leider** in einer Besprechung.
Kann ich **bitte** … sprechen?
Vielen Dank …

4 Schreiben Sie diese Sätze höflich.

Stehen Sie auf.
Ich habe keine Zeit.
Svetlana, hilf mir.
Ich will Frau Dr. Kazanski sprechen.
Dr. Stahl ist nicht da. Rufen Sie später wieder an.

Stehen Sie bitte auf.

5a Schreiben Sie möglichst höflich: Was könnte Pfleger Achim sagen?

Pfl. Achim: ______________________________________

____

____

____

Hr. Moser: Hier Moser, guten Tag. Ich möchte wissen, wie es meinem Vater geht. Ist er schon untersucht worden?

Pfl. Achim: Ja, er ist schon untersucht worden, aber leider darf ich Ihnen keine Auskunft geben, da müssten Sie mit dem Stationsarzt, Herrn Dr. Stahl, sprechen.

Hr. Moser: Kann ich Herrn Dr. Stahl denn bitte sprechen?

Pfl. Achim: ______________________________

____

____

Hr. Moser: Wann kann ich ihn erreichen?

Pfl. Achim: ______________________________

____

____

____

Hr. Moser: Meine Telefonnummer ist 02104-2223.

Pfl. Achim: ______________________________

____

____

Hr. Moser: Vielen Dank, auf Wiederhören!

Pfl. Achim: ______________________________

5b Lesen Sie Ihre Version vor.

5c Hören Sie eine Möglichkeit. 2.35

6 Spielen Sie das Telefonat: Sie sind Herr Dr. Stahl, Ihr Partner ist Herr Moser. Danach tauschen Sie die Rollen. Die Tabelle in Übung 2 hilft Ihnen.

Herr Moser könnte folgende Fragen stellen:
Wie geht es meinem Vater?
Welche Krankheit hat er?
Welche Untersuchungen sind gemacht worden?
Wann wird mein Vater entlassen?

Herr Dr. Stahl hat diese Informationen:
Bei Herrn Mosers Vater ist eine Herzkatheteruntersuchung gemacht worden.
… ist ein EKG geschrieben worden.
Er ist untersucht worden.
Er hat eine Stenose der Koronararterie (= verengte Herzkranzgefäße).
Er wird wahrscheinlich Mitte nächster Woche in die Reha verlegt.

Telefonate mit anderen Abteilungen

7 Blutwerte und ihre Abkürzungen.

TIPP

Abkürzungen
Bei diesen Wörtern verwendet man die Abkürzungen nur beim Schreiben:
Kalium (**K**), Natrium (**Na**) und Calcium (**Ca**).
Die Abkürzungen **BZ** (Blutzucker), **Thrombos** (Thrombozyten), **Leukos** (Leukozyten), **Hb** (Hämoglobin) und **Hk/Hkt** (Hämatokrit) verwendet man auch beim Sprechen.

Wie heißt das Lösungswort? Schreiben Sie die Wörter für die folgenden Abkürzungen.

Leukos: L E U K O Z Y T E N

K:

Thrombos:

Hk:

Hb:

BZ:

Ca:

8 Ordnen Sie zu: Was sagt man?

Hb 16,0

Hk 38

Leukos 7.500

Thrombos 310.000

K 4,2

Na 132

Ca 2,4

BZ 69

Der BZ ist neunundsechzig.

Siebentausendfünfhundert Leukos.

Das Calcium ist zwei Komma vier.

Hb sechzehn.

Der Hk ist achtunddreißig.

Kalium vier Komma zwo.

Dreihundertzehntausend Thrombos.

Natrium hundertzweiunddreißig.

9 Welche Werte hören Sie?

2.36

Hb	☐ 12,1	☐ 11,2	☐ 10,2
Hk	☐ 32	☐ 34	☐ 23
Leucos	☐ 4.500	☐ 5.400	☐ 14.050
Thrombos	☐ 300.000	☐ 250.000	☐ 350.000
K	☐ 3,2	☐ 3,4	☐ 4,3
Na	☐ 132	☐ 123	☐ 124
Ca	☐ 2,2	☐ 2,3	☐ 3,2

10a Hören Sie das Telefonat und notieren Sie die Werte.

2.37

K 4,8

10b Lesen Sie und kontrollieren Sie die notierten Werte.

Fr. Kaiser: Labor, Kaiser, guten Tag.
Pfl. Achim: Station 13, Pfleger Achim. Hallo, Frau Kaiser. Ich brauche bitte die Laborwerte von Herrn Sommer. Das Blut ist um 14 Uhr abgenommen worden. Haben Sie die Ergebnisse schon?
Fr. Kaiser: Ja, die müssten auch schon auf Ihrem PC sein.
Pfl. Achim: Ich komme leider im Moment nicht ins Programm. Könnten Sie mir die Werte bitte eben durchgeben?
Fr. Kaiser: Ja, natürlich. So, hier habe ich die Werte von Herrn Sommer, Paul, ist das richtig?
Pfl. Achim: Ja, genau.
Fr. Kaiser: Also zuerst die Elektrolyte: das Kalium ist 4,8, das Calcium 2,1 und Natrium 138.
Pfl. Achim: Nicht ganz so schnell bitte, ich muss das aufschreiben.
Also, Kalium 4,8, Calcium 2,1 und Natrium?
Fr. Kaiser: Natrium 138.
Pfl. Achim: Natrium 138.
Fr. Kaiser: Der Hb ist 10,8, Hk 33.
Pfl. Achim: Hb 10,8, Hk 33.
Fr. Kaiser: Thrombos 290.000 und Leukos 18.000.
Pfl. Achim: 290.000 Thrombos und 19.000 Leukos.
Fr. Kaiser: Nein, 18.000 Leukos.
Pfl. Achim: Also 18.000 Leukos.
Fr. Kaiser: Ja, genau. Das sind alle Werte. Tschüss!
Pfl. Achim: Vielen Dank, tschüss!

Am Telefon
Wenn man Ihnen Werte am Telefon durchgibt, **wiederholen Sie die Werte immer** beim Notieren.
So vermeiden Sie gefährliche Missverständnisse.

Telefonate mit Mitarbeitern und Kollegen

11a Was sagt Dr. Stahl? Ordnen Sie zu.

Bis gleich! • Ist bei ihr schon Blutdruck gemessen worden?
Stahl. Sie haben mich angefunkt, was ist los? • Hat sie sonst noch Beschwerden?
Dann geben Sie ihr bitte schon mal 2 Hübe Nitro^R, ich komme sofort vorbei und wir verlegen sie dann auf die Intensivstation.

Sr. Svetlana: Station 13, Schwester Svetlana.

Dr. Stahl: ______________________________

Sr. Svetlana: Frau Claußen klagt jetzt wieder über den Druck in der Brust.

Dr. Stahl: ______________________________

Sr. Svetlana: Ja, der ist 165 zu 95.

Dr. Stahl: ______________________________

Sr. Svetlana: Ja, sie hat jetzt auch Schmerzen in der linken Schulter.

Dr. Stahl: ______________________________

____

Sr. Svetlana: 2 Hübe Nitro^R gebe ich ihr sofort, bis gleich.

Dr. Stahl: ______________________________

11b Lesen Sie im Wechsel mit Ihrem Partner.

2.38

12a Hören Sie: Wen ruft Dr. Stahl an? Worum geht es?

12b Lesen Sie: Welche Krankheit hat Herr Sons? Warum ruft Dr. Stahl in dieser Klinik an?

Telefonzentrale: Klinikum Düsseldorf Mitte, Schröers, guten Tag.
Dr. Stahl: Dr. Stahl, guten Tag. Ich hätte gern den diensthabenden Gefäßchirurgen gesprochen.
Telefonzentrale: Einen Moment bitte, ich stelle Sie in die Ambulanz durch.
Sr. Jennifer: Ambulanz, Schwester Jennifer, guten Tag.
Dr. Stahl: Dr. Stahl, Talklinik Duisburg, guten Tag. Ich möchte bitte den diensthabenden Gefäßchirurgen sprechen.
Sr. Jennifer: Einen Moment, bitte.
Dr. Lüttke: Lüttke.
Dr. Stahl: Stahl, Talklinik Duisburg, Innere. Guten Tag, Herr Lüttke, Sie sind der gefäßchirurgische Kollege?
Dr. Lüttke: Ja, das stimmt.
Dr. Stahl: Wir haben hier einen Patienten mit einem akuten Arterienverschluss im linken Bein. Der Patient ist vor 4 Monaten schon einmal bei Ihnen operiert worden. Es ist der Herr Sons.
Dr. Lüttke: Ach, der Herr Sons.
Dr. Stahl: Könnten Sie ihn übernehmen?
Dr. Lüttke: Natürlich, schicken Sie ihn gleich los.
Dr. Stahl: Vielen Dank!
Dr. Lüttke: Tschüss.

13 Partnerspiel: Setzen Sie sich Rücken an Rücken und spielen Sie die Telefonate (S. 113/114). Sehen Sie sich vorher auch die Redemittel zur Terminvereinbarung auf Seite 51 an.

Krankenpfleger
Rufen Sie im Röntgen an. Sie brauchen einen Termin für ein MRT.

Röntgenassistentin
Sie arbeiten im Röntgen. Verabreden Sie einen Termin. Fragen Sie nach dem Namen des Patienten.

Arzt
Sie sind Chirurg. Rufen Sie den diensthabenden Internisten an. Sie haben einen Patienten mit Herzrhythmusstörungen. Sie möchten ihn in die Innere verlegen.

Ärztin
Sie sind Internistin. Sie möchten den Patienten nicht übernehmen, da Sie kein Bett frei haben. Sie lassen sich das EKG bringen. Danach rufen Sie sofort zurück und verordnen 1-mal 1 Concor® 5 mg täglich.

Krankenschwester
Rufen Sie im Labor an. Sie brauchen die Blutwerte von Herrn Polinski. Sie sind heute Morgen abgenommen worden.

MTA im Labor
Geben Sie die Werte durch: Hb 12,6, HK 38, Leukos 12.000, Thrombos 150.000, K 5,3, Na 129, BZ 218.

Angehörige
Rufen Sie auf der Station an. Sie möchten wissen, wie es Ihrer Tochter geht.

Krankenschwester
Sie dürfen keine genaue Auskunft geben. Die Stationsärztin ist im Moment in der Sonographie. Sie ruft später zurück. Fragen Sie nach der Telefonnummer.

Ärztin
Rufen Sie die Mutter von Frau Becerra an.
Sie möchte wissen, wie es ihrer Tochter geht.
Tochter: Oberarmfraktur, wird in 3 Tagen entlassen.

Angehörige
Fragen Sie,
– was Ihre Tochter hat,
– wie es ihr geht,
– wann sie nach Hause darf.

Grammatik

Indirekte Fragesätze

Direkte Frage	**Indirekter Fragesatz**
W-Frage	Nebensatz mit **Fragewort**
Wie geht es Ihrer Mutter?	Sie möchten sicher wissen, **wie** es Ihrer Mutter geht.
Wann ist Frau Dr. Becker zu erreichen?	Ich kann Ihnen nicht sagen, **wann** Frau Dr. Becker erreichbar ist.
Ja-Nein-Frage	Nebensatz mit **ob**
Haben Sie die Ergebnisse schon?	Ich sehe im PC nach, **ob** wir die Ergebnisse schon haben.

Indirekte Fragesätze sind Nebensätze →
das Verb steht am Ende.

Indirekte Fragesätze stehen nach Verben und Ausdrücken wie
wissen (wollen), fragen, sagen, erklären, mitteilen, zeigen, zweifeln, …

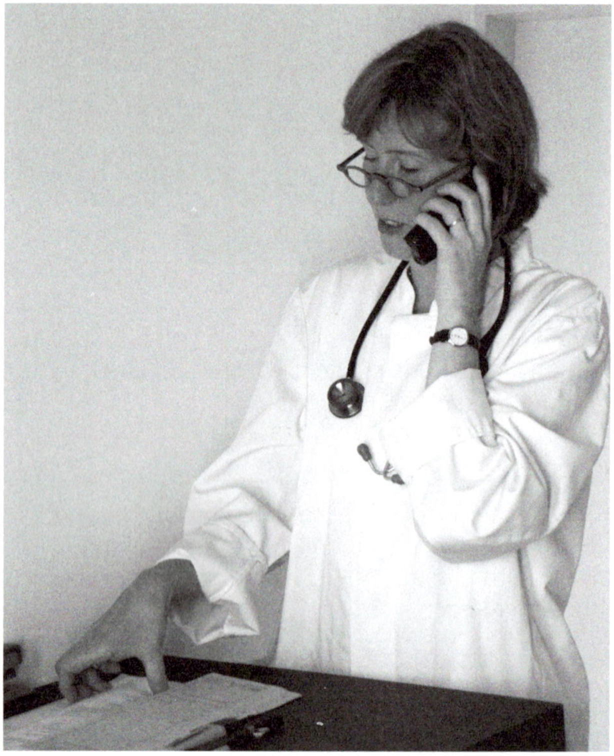

14 Was passt zusammen? Ordnen Sie zu. Manchmal gibt es mehrere Möglichkeiten.

1. Ich kann Ihnen leider keine Auskunft darüber geben,
2. Ich weiß leider auch nicht,
3. Ich wollte fragen,
4. Ich bin nicht sicher,
5. Weißt du,
6. Hast du erfahren,
7. Hat Tobias dir gesagt,
8. Frau Roth wollte wissen,

A ob wir noch ein Bett frei haben.
B wie hoch der Blutdruck von Frau Krüger ist?
C wann Herr Schmidt entlassen werden soll?
D ob Frau Bayer gleich zum Röntgen kann.
E wann sie wieder essen darf.
F wann Dr. Becker wieder erreichbar ist.
G was bei Ihrer Mutter genau gemacht wurde.
H wie die Werte von Frau Petersen sind?

15 W-Frage oder Ja-Nein-Frage? Ergänzen Sie „ob" oder ein passendes Fragewort.

1. Bist du informiert, _______ Herr Galli verlegt wird?
2. Ich wollte fragen, _______ Sie noch etwas brauchen.
3. Erzählen Sie mir doch mal, _______ es Ihnen heute geht.
4. Ich kann Ihnen leider nicht genau erklären, _______ dieses Mittel wirkt.
5. Habe ich Ihnen schon gesagt, _______ Sie entlassen werden?
6. Leider weiß ich auch nicht genau, _______ Dr. Stahl wieder auf die Station kommt.

16 Ergänzen Sie die indirekten Fragen.

1. Ich kann Ihnen leider nicht sagen, ob …
2. Die Patientin will wissen, wann …
3. Frag doch bitte mal im Labor nach, um wie viel Uhr …
4. Dr. Stahl teilt Ihnen morgen mit, wohin …
5. Weißt du, wo …
6. Dr. Kazanski hat gefragt, wie hoch …
7. Können Sie mir sagen, wie lange …

Höflichkeit

Bitte gehen Sie zum Röntgen.
Danke für Ihr Verständnis.
Stehen Sie **bitte mal** auf.
Entschuldigung, ich habe Ihre Tablette vergessen. Ich bringe sie Ihnen gleich.
Sie können mich **gern** jederzeit rufen, wenn Sie Schmerzen haben.

Sie müssen Ihre Antithrombosestrümpfe **leider** noch anlassen.
Es tut mir leid, dass es Ihrer Mutter schlechter geht.
Könnten Sie **bitte** später noch mal anrufen?
Setzen Sie sich zum Essen **doch bitte** an den Tisch.

TIPP

Ausdrücke wie **bitte, Entschuldigung / Entschuldigen Sie, gern, leider / es tut mir leid, könnten Sie, danke, mal, doch** machen Fragen, Aufforderungen und Informationen höflicher.

17 Sagen Sie es bitte höflicher.

1. Gehen Sie zur Untersuchung.
2. Waschen Sie sich.
3. Herr Dr. Stahl ist heute nicht da.
4. Die Physiotherapeutin hat heute keine Zeit.
5. Ich kann Dr. Kazanski gerade nicht erreichen.
6. Ihre Mutter kann am Wochenende noch nicht entlassen werden.
7. Kannst du am Wochenende Frühdienst machen?
8. Gib mir das Laken.
9. Sagen Sie mir die Werte von Herrn Schulz.
10. Wiederhol das.
11. Nimm die CD mit den Röntgenbildern mit.

Die Wirbelsäule

1 Ordnen Sie zu.

die Lendenwirbelsäule • die Halswirbelsäule • das Steißbein • die Brustwirbelsäule

Seitliche Ansicht   Vordere Ansicht

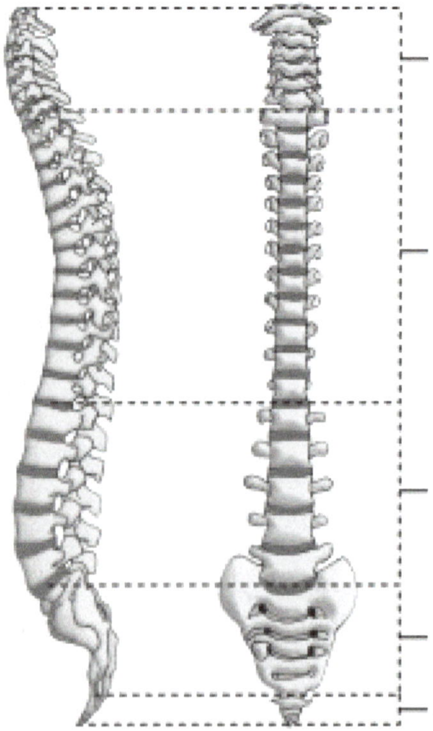

HWS = ____________________

BWS = ____________________

LWS = ____________________

das Kreuzbein

____

©evidence.de

Verbandwechsel

2.39

2a Übergabe. Hören Sie: Wo ist die Wunde bei Frau Sombrowski? Wo hatte sie vorher eine Wunde?

2b Lesen Sie und suchen Sie unbekannte Wörter im Wörterbuch.

Pfl. Achim: Bei Frau Sombrowski muss bitte noch der Verbandwechsel am Steißbein gemacht werden. Sie hatte gestern beim Verbandwechsel starke Schmerzen.
Sr. Susanne: Gut, dann geben wir ihr vor dem Verbandwechsel etwas gegen die Schmerzen. Wie sah die Wunde vorher aus?
Pfl. Achim: Vor einer Woche war der Wundrand gerötet und die Wunde war septisch mit viel eitrigem Sekret. Die Wundumgebung war schuppig und trocken. Wir haben die Wunde gespült und eine Tamponade eingelegt.
Sr. Susanne: Was ist mit der Wunde an der BWS?
Pfl. Achim: Da ist kein Verband mehr nötig, die ist geheilt.

2.40

3 Hören Sie und kreuzen Sie an. Wie sah die Wunde vor einer Woche aus?

	R	F
Der Wundrand war gerötet.	☐	☐
Die Umgebung war trocken und schuppig.	☐	☐
Die Wunde war 3, 24 cm^2 groß.	☐	☐
Der Umfang der Wunde war 8,76 cm.	☐	☐
Frau Sombrowski bekam keine Wundspülung.	☐	☐
Die Wunde war nicht septisch.	☐	☐
Die Wunde roch nicht.	☐	☐

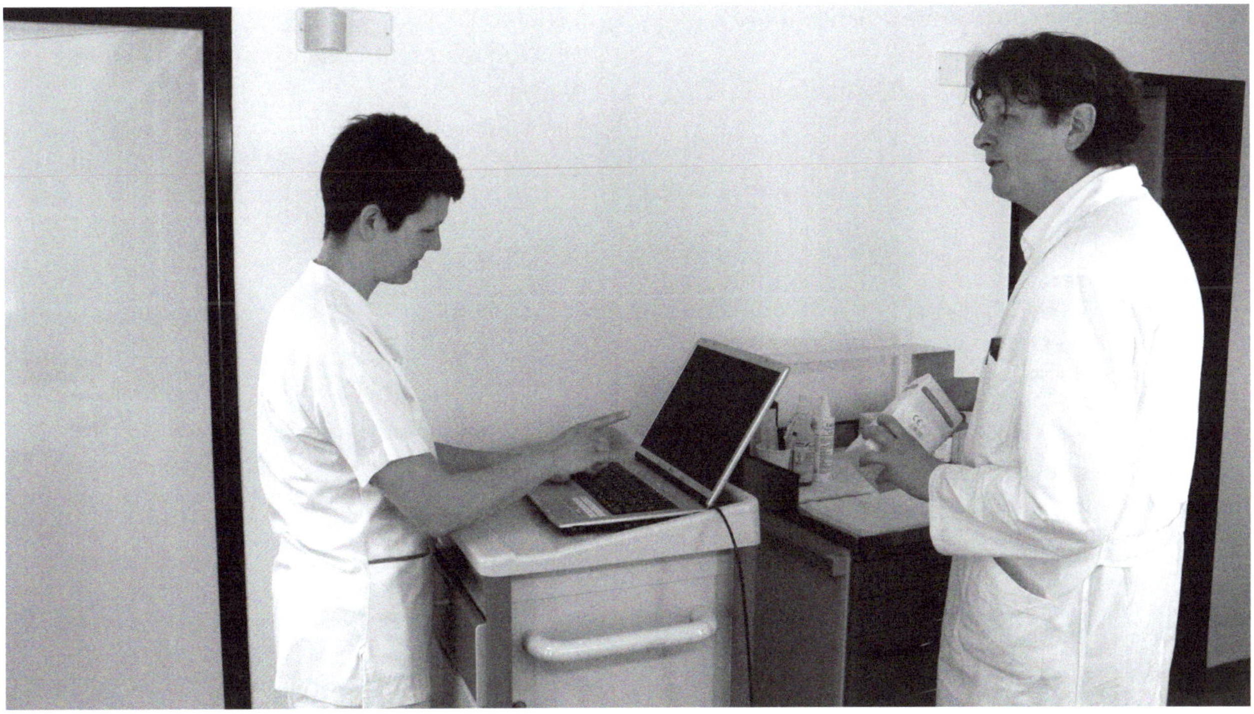

2.41

4a Hören Sie: Wie geht es der Patientin?

4b Lesen und markieren Sie: Wie wird die Patientin informiert?

Dr. Stahl: Guten Morgen, Frau Sombrowski.
Fr. Sombrowski: Guten Morgen, Herr Dr. Stahl.
Dr. Stahl: Wie geht es Ihnen heute? Haben Sie weniger Schmerzen als gestern?
Fr. Sombrowski: Ja, es geht schon besser. Ich habe ja eben Schmerztropfen bekommen.
Sr. Susanne: Gut, wir möchten Ihren Verband am Steißbein wechseln. Legen Sie sich bitte auf die Seite?
Fr. Sombrowski: Ja.
Dr. Stahl: So, ich mache jetzt den Verband ab. – Ihre Wunde sieht schon viel besser aus. Sie ist kleiner geworden als vor einer Woche und eitert auch nicht mehr so stark.
Fr. Sombrowski: Da bin ich froh.
Dr. Stahl: So, wir haben die Wunde gereinigt. Jetzt machen wir ein Foto für unsere Dokumentation.
Sr. Susanne: Ich lege das Maßband daneben.
Dr. Stahl: Gut. O.k., das Foto ist fertig. Frau Sombrowski, ich lege eine Tamponade in die Wunde. Schwester Susanne, geben Sie mir bitte eine Wundauflage?
Sr. Susanne: Ja, hier ist sie.
Dr. Stahl: Danke. So, dann fixieren wir den Verband noch und schon sind wir fertig.

5 Spielen Sie.

Information des Patienten	Wundbeschreibung im Gespräch mit dem Patienten
Wir wechseln Ihren Verband am Rücken. Drehen Sie sich bitte auf die Seite. Ich reinige die Wunde. Ich mache den Verband ab. Wir sehen / Ich sehe im PC nach, wie die Wunde vor einer Woche aussah. Wir machen ein Foto für die Dokumentation. Ich lege eine Tamponade ein. Wir legen / Ich lege eine Wundauflage auf die Wunde. Wir sind fertig.	Die Wunde sieht besser aus. Die Wunde sieht nicht schlechter aus. Die Wunde sieht noch nicht viel besser aus als gestern. Die Wunde ist kleiner geworden. Die Wunde ist leider ein bisschen größer geworden. Die Wunde ist so groß wie gestern / vor einer Woche. Die Wunde eitert nicht mehr (so stark wie gestern).

Krankenpfleger
Informieren Sie den Patienten:
- Sie möchten jetzt den Verbandwechsel am Bein machen. Sie legen die Decke zur Seite und nehmen den Verband ab.
- Sie sehen im PC nach, wie die Wunde vorher aussah (jetzt leider etwas größer).
- Sie machen ein Foto für die Dokumentation.
- Machen Sie einen neuen Verband.

Patient
Fragen Sie: Wie sieht die Wunde aus?
Ist sie besser geworden?

Arzt
Fragen Sie nach den Schmerzen.
Informieren Sie den Patienten:
- Sie wechseln jetzt den Verband an der Brustwirbelsäule. Der Patient soll sich auf die Seite drehen. Sie reinigen die Wunde. Sie legen eine Wundauflage auf die Wunde.
- Die Wunde ist so groß wie gestern.
- Machen Sie einen neuen Verband.

Patient
Sie haben weniger Schmerzen, es geht Ihnen besser.

Fragen Sie: Wie sieht die Wunde aus?

Wunddokumentation

6 Setzen Sie ein.

Foto • die Wundmanagerin • Wunddokumentation • Geruch • Verbandwechsel

Praktikant: Wie wird die Wunddokumentation gemacht? Und wer führt sie durch?

Sr. Svetlana: In unserer Klinik gibt ______________________________ die Wunddokumentation am PC ein. Wir dokumentieren beim ______________________________ die Exsudatmenge, die Exsudatbeschreibung und den ________________.

Praktikant: Was heißt „Exsudat"?

Sr. Svetlana: Das Exsudat ist die Wundflüssigkeit. Dann machen wir mit einer Digitalkamera ein ____________, das am PC in die ______________________________ eingegeben wird. Die Wundmaße rechnet danach die Wundmanagerin aus.

7a Beispiel einer Wunddokumentation am PC: Welche Merkmale werden auf dieser Seite erfasst?

7b Wo ist die dokumentierte Wunde lokalisiert?

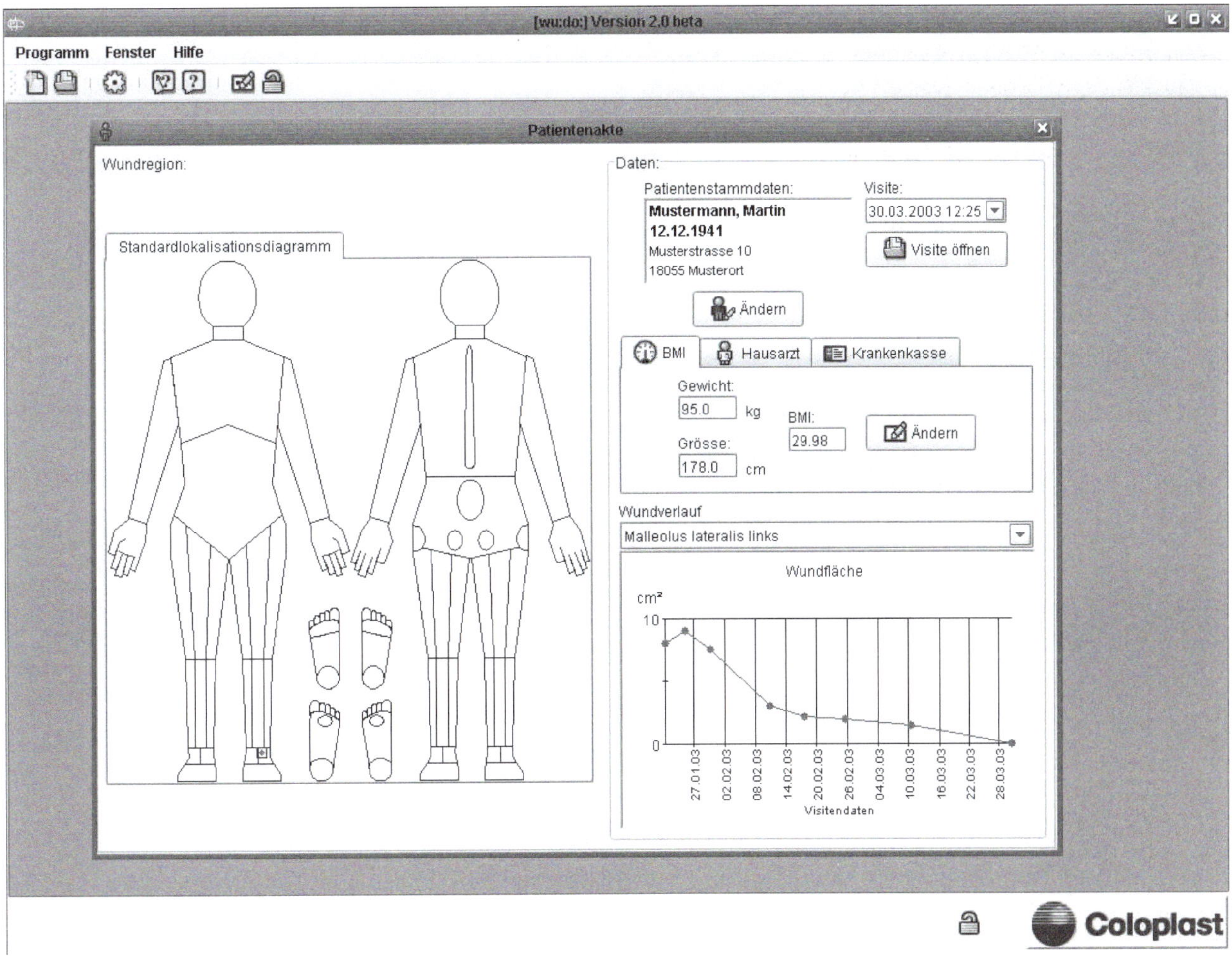

8 **Lesen Sie den Screenshot. Schreiben Sie. Sehen Sie unbekannte Wörter in einem klinischen Wörterbuch nach.**

Wie kann der Wundrand aussehen? *eingezogen, gerötet, …*

Wie kann die Wundumgebung aussehen? ______

Welche Merkmale des Exsudats werden beschrieben? ______

Welche Wundmaße werden erfasst? ______

Welche Aspekte kann man bei „Schmerzen" anklicken? ______

Was können Sie bei „Wundödem" anklicken? ______

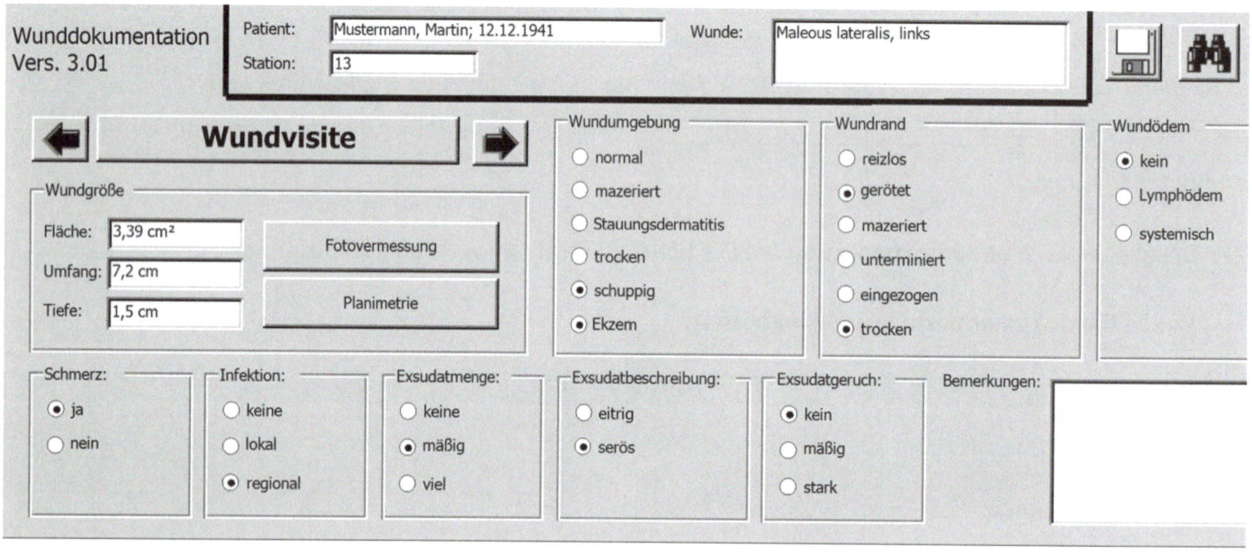

9 **Beschreiben Sie die Wunde, die im Wunddokumentationsmenü in Aufgabe 8 dokumentiert ist.**

Wundbeschreibung

Die Wundfläche am Fußrücken / an der BWS / am Steißbein/Fußknöchel … ist kleiner geworden.
Die Fläche ist … cm² groß, sie hat einen Umfang von …, sie ist … tief.
In der Wundumgebung ist ein Ekzem, es ist …
Der Wundrand ist …
Es gibt ein Ödem / ein Lymphödem.
Der Patient / Die Patientin hat Schmerzen. Es gibt keine Infektion / eine lokale/regionale Infektion.
Die Exsudatmenge ist …, das Exsudat ist … . Das Exsudat riecht mäßig/stark/nicht.

Aussprache

10 Die Wirbelsäule: Hören Sie und sprechen Sie nach. 2.42

die Halswirbelsäule, die Brustwirbelsäule, die Lendenwirbelsäule, das Kreuzbein, das Steißbein

11 Die Wunde: Hören Sie und sprechen Sie nach. 2.43

die Wundmaße, der Wundrand, die Wundumgebung, das Wundödem, die Wundfläche,
die Wunddokumen-tation, die Wundspülung, die Wundflüssigkeit
schuppig, gerötet, reizlos, mazeriert, eingezogen, trocken

12 Blutwerte und Maße: Hören Sie und sprechen Sie nach. 2.44

Hb 15,2	Hk 37	Leukos 4.500	Thrombos 290.000	BZ 69	K 3,9	Ca 2,3	Na 133
9 cm^2	2,68 cm^2	< 1 cm^2	> 2 cm^2	5,34 cm	1,2 cm	1,79 m	BMI 24,3

13 Schwierige Wörter aussprechen: Wundversorgung. 2.45

wechseln	Verband am Steißbein wechseln	Wir möchten Ihren Verband am Steißbein wechseln.
gespült	die Wunde gespült	Wir haben die Wunde gespült.
Dokumentation	Foto für die Dokumention	Wir machen ein Foto für die Dokumentation.

14 Schwierige Wörter aussprechen: Telefonieren. 2.46

entsprechend	den Umständen entsprechend	Es geht ihr den Umständen entsprechend.
Herzkatheteruntersuchung	eine Herzkatheteruntersuchung	Wir planen eine Herzkatheteruntersuchung.
Gefäßchirurgen	den diensthabenden Gefäßchirurgen	Wo finde ich den diensthabenden Gefäßchirurgen?

15 Schreiben Sie weitere schwierige Wörter und Sätze. Üben Sie im Kurs.

verlegt	*in die Reha verlegt*	*Ihr Vater wird in die Reha verlegt.*

Grammatik

Vergleiche: Adjektive im Komparativ

Die Wunde ist **kleiner/größer als** gestern.

Sie sieht nicht **schlechter** / noch nicht viel **besser** aus **als** vor zwei Tagen.

Haben Sie jetzt **weniger** Schmerzen **als** vorhin?

Komparativ: Formen

klein**er**		**als**
Adjektiv +	**er** +	**als**

Einsilbige Adjektive haben im Komparativ meist einen Umlaut:
groß → gr**ö**ßer   hart → h**ä**rter

besondere Formen:
gut → **besser**   viel → **mehr**   hoch → h**ö**her

Komparativ: Funktion

Mit dem Komparativ drückt man Vergleiche aus.
Bei diesen Vergleichen gibt es immer einen Unterschied (+ oder –):
Sie sehen heute schon viel **besser** aus **als** gestern! (+)
Heute haben Sie auch **weniger** Fieber **als** nach der OP. (–)

Im Gegensatz dazu drücken Adjektive in der Grundform mit **so … wie** aus, dass etwas gleich ist (=).
Die Wunde ist **so groß wie** gestern. (=)

16 Patienten informieren: Ergänzen Sie die Adjektive im Komparativ.

1. Ihr Fieber ist ____________ (hoch) als gestern.
2. Ihr Blutdruck ist ____________ (niedrig) als heute Morgen.
3. Die Wunde sieht ____________ (gut) aus als vor zwei Tagen.
4. Ihr Puls ist ____________ (schnell) als vor 3 Stunden.
5. Ihre Wunde sieht leider ____________ (schlecht) aus.
6. Wenn Sie die Medikamente regelmäßig einnehmen, haben Sie ____________ (wenig) Schmerzen.

17 Gleich oder verändert? Bauen Sie Sätze.

Ihr Blutdruck Ihre Temperatur Ihre Blutwerte Ihre Wunde Ihr …	ist sind	so	hoch klein niedrig schlecht groß gut	als wie	gestern heute Morgen vor 3 Stunden nach der OP vor 2 Tagen

Ihr Blutdruck ist niedriger als gestern.

Abschlussspiel: Station 13

Anzahl der Spieler:

6–10 Spieler, die jeweils in 2er Gruppen spielen.

benötigte Utensilien:

pro Gruppe eine Spielfigur, ein Würfel

Ziel: Je zwei Spieler gehen als Team durch verschiedene Zimmer auf einer Station, in denen sie die auf dem Spielfeld angegebene Situation im Rollenspiel realisieren sollen. Welche Rolle sie spielen, steht immer in der Überschrift der Spielfelder.

Hat eine Gruppe die Aufgabe in einem Zimmer erledigt, wird dieses für die anderen gesperrt und in das Zimmer ein Kennzeichen für die Gruppe, z. B. ein Buchstabe, eingetragen. Die Gruppe, die am Ende des Spiels die meisten Zimmer gesammelt hat, hat gewonnen.

Fortbewegung auf dem Spielplan:

Die Gruppe, die die höchste Zahl würfelt, beginnt. Sie geht so viele Schritte, wie der Würfel anzeigt. Dabei darf die Spielfigur in alle Richtungen bewegt werden. Nach einer Sechs darf noch einmal gewürfelt werden.

Krankenpfleger – Patientin
Frau Schulz klingelt, weil sie Hunger hat. Sie darf nicht essen, weil sie heute operiert wird.

520

Ärztin – Patientin
Frau Hammer hat zu hohe Blutzuckerwerte. Informieren Sie sie, dass sie Diabetes mellitus hat (Insulin, Diät, Ernährungsberatung).

521

Krankenpfleger – Patient
Sie sollen Herrn Schmitz in den OP bringen. Fordern Sie ihn auf, zur Toilette zu gehen und die Antithrombosestrümpfe anzuziehen. Fragen Sie ihn, ob er eine Zahnprothese hat.

522

Aufzug

Aufzug

Besucher WC

WC

WC

START

Treppenhaus

Spülraum
Ein Besucher kommt und fragt, wo Herr Plank liegt. Erklären Sie ihm den Weg.

Tee-küche
Neue Kranke schwes – Static leitung
Die Stationsleitung stellt Si den neu Kollege vor.

510

Arzt – Tochter von Frau Pollock
Ihre Mutter, Frau Pollock, ist verwirrt. Sie machen sich Sorgen. Fragen Sie den Arzt, wie es weitergeht, wann es ihr besser geht, …

511

Ärztin – Patient
Herr Plank fragt, warum er die Tropfen für den Kreislauf nicht mehr bekommt.
Die Ärztin hat das Medikament auf die kleinen roten Kapseln umgestellt.

512

Patient – Krankenschwester
Herr Seidel sieht sehr schlecht aus. Er klagt über Übelkeit und Kopfschmerzen.
Messen Sie ihm den Blutdruck und Puls und sagen Sie, dass Sie den Arzt informieren.

·rzt – Patientin
·au Müller fragt,
·ann sie entlassen
·rd. Arzt ordnet
·n neues Medika-
·ent ge-
·n Blut-
·chdruck
. Entlas-
·ng viel-
·cht in
·agen.

23

Krankenpfleger – Patientin
Gehen Sie zu Frau Schwarz. Messen Sie ihre Temperatur, Blutdruck und Puls und fragen Sie, ob sie Verdauung gehabt hat.

524

Personal-WC

Angehöriger – Praktikant
Ein Besucher fragt Sie, wo die Besuchertoilette ist. Erklären Sie es ihm.

Untersuchungszimmer

Arzt – Patient
Arzt untersucht Frau Yilmaz und fragt nach ihren Beschwerden. Frau Yilmaz klagt über Bauch- und Rückenschmerzen.
Arzt: Sie soll sich für die Untersuchung auf den Rücken legen.

Arztzimmer

Arzt – Ärztin am Telefon
Herr Dr. Klöck möchte einen Patienten mit einer Appendizitis zu Frau Dr. Sammer in die Chirurgie verlegen. Telefonieren Sie.

**·anken-
·leger –
·zt**
·zt kommt
· neurologisches
·nsil
·d
·ht
·u
·hwarz.
·lären
den
·g.

Kranken-pfleger – MTA
Rufen Sie im Röntgen an und verabreden Sie einen Termin für einen Röntgen-Thorax für Frau Schlösser, Gisela.

Stationsleitung – Krankenpfleger
Erklären Sie dem neuen Kollegen die Dienste auf der Station.

Dienstzimmer

Aufenthaltsraum

Krankenschwester – Patientin
Sagen Sie Frau Schlösser, dass sie alleine zum EKG in der 2. Etage, 3. Zimmer links, Zimmer Nr. 213 gehen soll. Sie weiß den Weg nicht.

513

**·anken-
·leger –
·tientin**
möchten Frau
·ers betten. Hel-
· Sie ihr beim Auf-
·hen, bieten Sie
Hilfe
·m
·schen
· Wasch-
·cken an.

514

Ärztin – Patientin
Anamnese-gespräch: Ärztin fragt nach Beschwerden (Art und Zeitraum), Medikamenten, Allergien, Operationen.

515

Arzt – Patient
Erste postoperative Visite nach Gallensteinoperation. Patient möchte etwas trinken und aufstehen.
Arzt: Er soll noch nüchtern bleiben. Er darf gleich mit einer Pflegekraft aufstehen.

Register der Fachausdrücke

Abdomen 62
Abdomensono (= -sonographie) 87
abnehmen 50
abziehen 27, **28**
Abteilung 11
Achsel 36
After 101
akut 112
Allergie 77
Ambulanz 16
Analgetikum 81
Anamnesegespräch 70
Anästhesist/in 79
anfunken 112
Angehörige 18, 106
Anordnung 86, **87**
Angina Pectoris 88
Antibiotikum 81
Antithrombosestrümpfe 29, **42**
Anwendungsgebiet 96
Anwendungsbeschränkungen 99
Anzahl / die (= Anzahl pro Tag) 71
Aorta 76, 96
Apotheke 16, **18**
Appendix 62
Appendizitis 72
Arbeitsraum 22
arrhythmisch 57
Arterien 96
Arzt/Ärztin 6, **18**
Arztbrief 22
ärztlich 7
Arztzimmer 22
Assistenzarzt /-ärztin 9
Atemgymnastik 30
atmen 82
Atmung 81
Atmungsorgane 76
Aufbaukost **50**, 52
Aufenthaltsraum 17
Aufnahme 16, **18**
Aufnahmebogen 66
Aufnahmestation 73
Aufnahmezustand 68,
aufschütteln 27, **28**
Aufzug 17
Auge 36
Augenentzündung 40
Augenstation 16
Augenheilkunde 11
Augensalbe 101, 102
Augentropfen 100
ausatmen 37
Ausfuhr 82
ausscheiden 68
Ausscheidung 82
ausstrahlen 40
Bademantel 27
Badezimmer 22
Bauch 36
Bauchnabel 36
Bauchorgane 62
Bauchschmerzen 40
Bauchspeicheldrüse 62
Bauchspeicheldrüsenentzündung 72
b. B. (= bei Bedarf) 100
Bedarf 100
Befinden 38, 58
Befund 18, 19, 77
Beipackzettel 97
Belegungsplan 12
Bereitschaftsdienst 13
Bereitschaftszimmer 17
Beschwerden 37
betten 26
Bett 10, **26**
Bett machen 10
Bettbezug 26
Bettdecke 26
Betteinlage 26
Bettgitter 91
Betttuch 26
Bettruhe 29
beziehen 27, **28**
Bindehautentzündung 102
Blasenentzündung 72
Blasenverweilkatheter 80
Blinddarm 62
Blinddarmentzündung 70, **72**
Blut **18**, 79
Blutdruck **56**, 57
blutdrucksenkend 98
Blutgruppe 77
Blutzucker 58
Blutzuckerwerte **49**, 50
Bradykardie 57
brechen / sich etwas brechen 70
Brille 69
Bronchien 76
Brust 36
Brustfell 76
Brustkorb 79
Brustwirbelsäule / BWS 116
BZ (= Blutzucker) 110
Ca (= Karzinom) 76
Ca (= Calcium) 110
Caecum/Coecum 62
Cafeteria 16
Chefarzt / -ärztin 7
Chefarztsekretariat 16
chirurgisch 16, 107
Cholelethiasis 72
Cholezystitis 72
Colitis 72
Colon 62
Coloskopie **71**, 73
Computer 18
Creme 101
CT / Computertomographie 71
Darm 50, 96
Dauerkatheter 80
Defibrillator 22
Dekubitus 29
dermatologisch 16, 18
Diabetes / Diabetes mellitus **49**, 51
Diagnose 77
Diagnostik 71, **87**
Diastole 57
Dickdarm 62
Dickdarmentzündung 72
Dickdarmspiegelung 71
Dienst 12
diensthabend 112
Dienstplan 12
Dienstzeiten 13
Dienstzimmer 8, **22**
Dosieraerosol 101
Drainage 79
Dünndarm 62
Dünndarmentzündung 72
Duodenum 62
einatmen 37
Einfuhr 82
eingezogen 120
Eingriff 86
einstellen 49
einweisender Arzt 66
Eispackung 91
eitern 117
eitrig 116, 120
EKG (Elektrokardiogramm) 16, **18**, 29, **80**
Ekzem 120
Ellbogen 36
Enddarmspiegelung 71
Endoskopie 16
entlassen 91
Entzündung 40, **76**
erbrechen 68
Erkrankung 62
Ernährungsberater/in 49
Ernährungsberatung 49
Essen 82
Essen reichen 47
Essensbestellung 52
Essenswagen 48
Exsudat 119
Fachdisziplin 71

Faden 79
Ferse 36
Fieber 10, **57**
Fieberthermometer 10
Filmtablette 100
Finger 36
fixieren 117
Fraktur 40
Frühdienst 13
Fuß 36
Fußbad 87
Fußrücken 120
Gallenblase 62
Gallenblasenentzündung 72
Gallensteinleiden 72
Gastritis 72
Gastroskopie 71
Gefäßchirurg, gefäßchirurgisch 112
Gefäße 103
Gegenanzeige 99
geheilt 116
Gehwagen 69
Genitalbereich 36
Geräteraum 19, **22**
gerötet 116
Geruch 119
Gesäß 36
Gesundheits- und Krankenpfleger/in 7
glattziehen 27, **28**
gynäkologisch 16
Haar 36
Haarausfall 98
Hals 36
Halswirbelsäule 116
Hämatokrit 77
Hämoglobin 77
Hämorrhoiden 102
Hand 36
Harnblase 62
Hausarzt 66
Haut 98
Hb / Hgb 77, 110
heilen 42
Heparin 98
Hepatits 72
Herz **96**, 102
Herzbeutel 76
Herzkatheterlabor 101
Herzkatheteruntersuchung 109
Herzkranzgefäß 109
Herzrasen 86, **88**
Hilfsmittel **69**, 82
Hk / Hkt, 77, 110
HNO 16
hochkalorisch 50
Hörgerät 69
Hub 112
Hüfte 36
Husten 89
Hyperglykämie 57
Hypertonie 57
Hypoglykämie 57
Hypotonie 57
HWS (= Halswirbelsäule) 116
Ileum 62
Ileitis 72
Indikation 96
Infekt 98
Infektion 120
Infusion 71
Inhaltsstoffe 96
Innere Abteilung 11
Insulin **49**, 50,
Intensivstation 16, 18
Internist 112
internistisch 7
intramuskulär 77, 80
intravenös / i.v. 71, 80
Jejunum 62
Juckreiz 102
Kalium / K 110
Kapillare 96
Kapsel 100
Karzinom 76
Keller 16
Kernspintomographie 71
Kinn 36
Kissenbezug 26
Klemme 79
Klingel 10
Klinik 7, 11
klinisch 77, 119
Klistier 101
Knie 36
Kommunikation 68
Konsil 71, 86, **87**
Kontraindikation 96
Kopf 36
Kopfkissen 26
Kopfschmerzen 39
Kopfschmerztablette 42
Koronararterie 109
Körper 36
Körperpflege 31
Kost 50
krank 13, 79
Krankenakte 20
Krankenbeobachtung 86
Krankengeschichte 70
Krankenhaus 6
Krankenkurve 21
Krankenpflegepersonal 28
Krankenpfleger 6, 7,11
Krankenpflegeschüler/in 7
Krankenschwester 6,7,11
Krankheit 70
Kreislauf 96
Kreislaufkollaps 98
kreislaufstabil 81
Kreislaufsystem 96
Kreuzbein 116
Küche 16
Kulturtasche 10
Kurve 59
Kurvendokumentation 59
Kurzinfusion 103
Labor 16, **18**
Laborwerte 89
Laken 26
Leber 62, 96
Leberentzündung 72
Leichenkeller 16
Leichte (Voll)Kost **52**, 82
Leiste **36**, 91
Lendenwirbelsäule 116
Leukos / Leukozyten 110
lokal 120
Lokalisation 38
lokalisieren 119
Luftröhre 76
Lunge 71
Lungenfell 76
Lungengefäße 96
Lungenentzündung **29**, 42
Lungenfunktionsprüfung 71
Lungenkarzinom 76
Lungenkrebs 76
LWS (= Lendenwirbelsäule) 116
Lymphgefäße 96
Lymphödem 120
Magen 62
Magengeschwür 72
Magenschleimhautentzündung 72
Magensonde 80
Magenspiegelung 71
Maßnahme 29
Mastdarm 62
Matratze 26
mazeriert 120
Medikament 18, 70
Medizin 12
messen 56
Messgeräte 57
mg / Milligramm 80
Milz 62
Mittellappen 76
Mittelohr 40
Mobilisation 82

mobilisieren 91
Mobilität 68
MRT / Magnetresonanztomographie 71
MTA (= Medizinisch Technische Assistentin) 18
müde 19
Mund 36
Mundpflege 31
Nachtdienst 13
Nachtschrank 10
Nacken 36
Nadel 79
Nadelhalter 79
Narkose 77
Narkoseprotokoll 77
Nase 36
Nasentropfen 100, 101
Natrium / Na 110
Nebenwirkungen 97
Nephritis 72
Nephrolithiasis 72
neurologisch 87
Niere **62**, 96
Nierenbecken 62
Nierenentzündung 72
Nierensteinleiden 72
Notfall 67
nüchtern 47, **48**
o. B. (= ohne Befund) 77
Oberarm 36
Oberarzt/Oberärztin 7
Oberlappen 76
Oberschenkel **36**, 40
Oberschenkelfraktur 40
Ohr 36
Ohrentropfen 101
Ohrthermometer 57
OP (= Operation) 11, 77, 79
OP (= Operationssaal) 16, **18**
operieren 18, 42
OP-Hemd 78
OP-Gebiet 79
oral **71**, 101
Organe 62, 96
Orthopäde/Orthopädin 37
Ösophagitis 72
Ösophagus 62
Ösophaguskarzinom 76
Pankreas 62
Pankreatitis 72
Patient/in 6, 9
Patientenzimmer 10
PEG / percutane endoskopische Gastrostomie 80
Perikard 76
Perikarditis 76
Personalabteilung 16
Pflaster 79
Pflege 12
Pflegeanamnesegespräch 73
Pflegebericht 86, **87**
Pflegedienstleitung 7, 9
Pflegekraft 82
Pflegemaßnahmen 86, **87**
pflegerisch 7
Pforte 16
Physiotherapie 16, 18
Pinzette 79
Pleura 76
Pleuritis 76
Pneumonie 29, **76**
Pneumonieprophylaxe 29
p. o. (= per os) 77
Po 36
postoperativ 83
Prämedikation 77
Präparat 98
Prophylaxe 29
Prosektur 16
psychisch 68, 82
Pulmo 76
Puls **56**, 57
Pulsuhr 57
pürierte Kost 50
Pyelon 62
Rasieren 78
Rectoskopie 71
Reduktionskost 50
regional 120
Reha (= Rehabilitation) 109
reizlos 120
Rektum 62
Rhesus-Faktor 77
riechen 117
Rippe 76
Rollator 69
Rollstuhl 19, 22, **69**
Röntgen 16, **18**, 19
Röntgenabteilung 18
Röntgenassistent/in 18
Röntgenbild 18, 20, 21
RR (= Blutdruck nach Riva-Rocci) 59
Rücken **36**, 82
Rückenschmerzen 37
Saft 101
Scheide 101
Scheidenzäpfchen 101
Schere 79
Schicht 87
Schilddrüse 102
Schlaftablette 42
schluckweise 82
Schmerz 38, **40**, 82
Schmerzkatheter 82
Schmerzmedikament 73
Schmerzmedikation 71
Schmerzmittel 91
Schmerztropf 73, 91
Schulter 36
s. c. (= subcutan) 80
schuppig 116
schweinefleischfrei 52
Schwindel 29
schwindelig 58
Sekret 116
senken 102
septisch 116
serös 120
Sitzbad 87
Skalpell 79
Sonographie 9, **18**, **71**
Sozialberater/in 18
Sozialdienst 16, **18**
Spätdienst 12, 13
Speiseröhre 62
Speiseröhrenentzündung 72
Speiseröhrenkrebs 76
spritzen 82
sprühen 98
spülen 116
Station 8
Stationsarzt /-ärztin 7, 9
Stationsleitung 7
Stauungsdermatitis 120
Steckbecken 22, **69**
Stecklaken 26
Steißbein 116
Stenose 109
sterben, gestorben 91
steril 79
Stethoskop 57
Stirn 36
subcutan 29, 32, 80
Suppositorium 100
Symptom 96
systemisch 120
Systole 57
Tablette 43, 100
Tablettendispenser 10
Tachykardie 57
tachykard 88
Tamponade 116
Teeküche 22
Temperatur **56**, 57
Temperaturkontrolle 87
Termin 13
Therapie 86